学校注重教师基本功训练。包括三笔字、简笔画、课件制作、讲课、评课、才艺展示等。用粉笔字每天坚持写一首古诗。目前，统一书写粉笔字已经成为青年教师的一种习惯，大家相互欣赏、相互学习、共同提高。

钢屯小学清明节举行“25000米模拟长征”活动，此项活动坚持举办了20年。孩子们在往返25千米的模拟长征中，亲眼观看家乡的巨变，培养了学生热爱家乡的感情和团结互助的品质，增强了孩子们做事注重坚持的意志。

名师名校名校长书系

花开的声音

——别样的教育故事

王国柱／主编

民主与建设出版社
·北京·

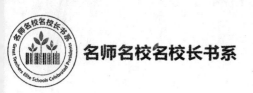

图书在版编目（CIP）数据

花开的声音：别样的教育故事 / 王国柱主编. —
北京：民主与建设出版社，2018.8
ISBN 978-7-5139-2236-4

Ⅰ. ①花… Ⅱ. ①王… Ⅲ. ①小学教育—文集 Ⅳ.
①G622.0-53

中国版本图书馆CIP数据核字（2018）第169078号

花开的声音：别样的教育故事
HUAKAI DE SHENGYIN BIEYANG DE JIAOYU GUSHI

出 版 人　李声笑
著　　者　王国柱
责任编辑　刘　芳
封面设计　姜　龙
出版发行　民主与建设出版社有限责任公司
电　　话　（010）59417747　59419778
社　　址　北京市海淀区西三环中路10号望海楼E座7层
邮　　编　100142
印　　刷　廊坊市金朗印刷有限公司
版　　次　2019年4月第1版
印　　次　2019年4月第1次印刷
开　　本　710 毫米 × 1000 毫米　1/16
印　　张　15.25
字　　数　275千字
书　　号　ISBN 978-7-5139-2236-4
定　　价　45.00 元

注：如有印、装质量问题，请与出版社联系。

编 委 会

序言

PREFACE

改变，从反思开始

王国柱

在一个偏僻遥远的山谷里，
有一个高达数千尺的断崖。
不知道什么时候，
断崖边上长出了一株小小的百合。
百合刚刚诞生的时候，
长得和杂草一模一样。
但是，它心里知道自己并不是一株野草。
它的内心深处，
有一个顽强的念头：
“我是一株百合，
不是一株野草。
唯一能证明我是百合的办法，
就是开出美丽的花朵。”

——林清玄《心田上的百合花》

2014年3月，我们创建了辽宁省葫芦岛市钢屯小学青年教师博客群，我们徜徉在网络的世界里，走进了教研的动态化。这四年来，我们渡过了“爱好由来落笔难，一文千改始心安”的困苦，经历了“春江秋月冬冰雪，不听陈言只听天” 的激情，收获了“清水出芙蓉，天然去雕饰”的3979篇原创博文。今天，在创群四周年之际，精选于滨洲等106位教师的106篇精美博文，结集为《花开的声音——别样的教育故事》一书。谨以此书献给四年来笔耕不辍的青年教师们。

教育教学叙事作为一种草根研究方式，讲述的是我们自己的教育故事，研究的是我们自己的教学行为，在“记录—反思—行动”这样的循环研究中，在避开浮华的冷静里，我们通过叙事记录反思着自己的工作，也提升着自己的思想境界，这是一种多么适合我们一线教师的教育方式啊！它是我们梦想与信念生根开花的土壤。

我们怀揣教书育人之梦想，孜孜以求，犹如夸父逐日，在日复一日教育教学的漫漫征途上奔跑。途中，我们也许会遭受疲惫的袭击，也许会遇到无奈的冲击，也许会面临倦怠的考验……当激情逐渐退去，我们还能一如既往地保持那份享受教育的智慧和心情吗？我们还记得当初自己为什么而出发吗？我们能清晰地知道自己现在的位置吗？我们能穿透迷雾，在探索中看清明天的方向吗？

许多事情，闭上眼睛，离开浮华，静静地思考，我们才能看得更真切。

“业精于勤，荒于嬉；行成于思，毁于随。”没有人能够随随便便成功。如果没有反思，改变无从谈起；如果没有反思，我们不会知道自己究竟需要改变什么；如果没有反思，我们就仅仅是简单地吸收，而不是不停地回味和咀嚼。

心理学家弗洛伊德在他的精神分析理论中，把一个人的“我”分成了本我、自我和超我，他认为，人的心路历程就是人的这三个“我”之间相互矛盾、相互冲突、相互斗争的过程。每次反思都是一种自我的批判；每次反思都是一种自我的完善和提升；每次反思都让研究主体和教育主体打破我们常规的教学生活和节奏；每次反思都以一种“他者”的眼光来反观自己的教育生活和教育实践，触动自己“理所当然”的理念，使我们的教育发生改变。

拿起笔，迈开腿，点燃照亮我们前行的思想火把——反思，让它成为我们改变自己、改变生活、改变社会、改变教育世界的源头活水。

目录

CONTENTS

有教无类　因材施教

002　对听课的几点思考 / 于滨洲

004　如何培养学生良好的学习习惯 / 杨　阳

006　只要心中充满爱 / 李　爽

008　分组学习，共同进步 / 白　跃

010　培养小学生数学学习兴趣的几点体会 / 吴文秋

012　“诱惑”孩子看有趣的书 / 王佳莹

014　兴趣——美术学习的源泉 / 孟岱麒

016　从“不会画”到“能画” / 孙　璐

018　区域活动《巧玩晾衣夹》中的奇思妙想 / 李墨染

021　曾经做过的，值 / 刘　红

023　三尺人生 / 何天宇

026　快乐的音乐教育 / 李思琪

诺亚方舟　共同前行

030　当一位启蒙老师不简单 / 曹　莹

032　我和我的三年级一班 / 赵东琦

035　教育生涯中的第一个六年级 / 孙艳华

037　我和“逗娃”们的第一次作文 / 王　楠

039　小学体育教学小故事 / 安永亮

041　快乐的足球 / 李　松

043 对待特殊的孩子，应用特殊的方式 / 平文涛
045 让“后进生”的小宇宙爆发 / 李　扬
047 “温严”并用带领每一名学生前进 / 李茹丽
049 “细”教让他们健康成长 / 李小妹
051 爱在你我之间 / 殷　慧
053 教育，爱在朝夕——一次美丽的误会 / 郭紫薇
055 教育，就是在下一个路口等你！ / 贾杰清
060 做一片绿叶 / 周立新
063 聆听孩子眼中的美 / 董　慧
065 倾听“花朵”的心声 / 张　雯
066 兴趣是不会说谎的 / 谢志夫
069 示弱是一种智慧 / 马莉玲
071 春风十里不如你 / 刘一诺
073 静待花开 / 林　昊

秉烛之明　传播温暖

076 沉默的歌 / 张国野
079 呵护孩子的心灵 / 刘　芳
081 无声胜有声 / 曹　慧
082 小学班主任教育叙事 / 褚天舒
084 美丽的谎言 / 谷丽美
086 守护孩子的自尊 / 韩春风
088 和孩子们一起战胜懒惰 / 岳陆露
090 春泥护花，蜡尽尤温 / 刘春月
092 鼓励与信赖学生 / 李　浩
094 教育教学案例 / 李红霞
096 爱是尊重 / 李　敏
098 爱的力量 / 李　友
100 爱要行动 / 李媛媛
102 善待“慢生”，静待花开 / 刘　滨

104　宽容和尊重是最好的爱 / 刘　强
107　让孩子的心中充满阳光 / 刘忠莹
109　倾听花开的声音 / 孟卓菲
111　爱的温暖 / 乔凤卓
113　爱是一种流动的能量 / 任宇晴
115　小学信息技术教学叙事 / 宋思雨
117　多一份关爱，多一份引导 / 唐川宁
119　大拇指的神奇效应 / 王　岚
121　学会利他 / 刘　地
123　爱处无声——“零落成泥碾作尘，只有香如故” / 杨　迪
125　爱生智慧 / 杨　欢
127　爱在春天里生根发芽 / 杨雪娇
129　每天进步一点点 / 岳迎杰
131　用心浇灌，用爱护航 / 张晶晶
133　每棵苗都要茁壮，每朵花都要艳丽 / 张　洋

见贤思齐　亦师亦友

136　教师的爱就是了解 / 马瑞播
138　教育无小节，事事皆楷模 / 李思路
140　爱的教育 / 王　晶
142　远离怒火 / 邓萍芳
144　理解学生，做学生的知心朋友 / 王　君
146　孩子的世界 / 高　兴
148　每个孩子都需要得到赞美 / 王　雪
150　教学中如何正确引导学生 / 杜鑫蕊
152　借手机事件 / 张宏伟
154　蜕　变 / 李　爽
156　我和学生共进步 / 李红望
158　学生给我上的一堂课 / 韩　冬
160　那个孩子给了我方向 / 王　雪

162 感动无处不在 / 孙娜娜
164 来自学生的感动 / 王　蕾
166 感人心者，莫过于情 / 孟　竹

流年似水　念念不忘

170 雪，让我收获了另一份感动 / 王国柱
172 我的教育梦——助梦人生 / 赵　佳
174 梦想伊始 / 张玉琪
176 初为人师 / 王　佳
178 十年，我走在教育路上 / 陈佳红
180 帮孩子打开通向青春的大门 / 娄红梅
182 伴着你们一起慢慢长大 / 陈晓微
184 教育是农业而不是工业 / 穆　迪
186 我的教育教学故事 / 曹长安
188 良　爱 / 段菁芃
190 爱，可以融化一切 / 孙　娣
192 用爱点亮一盏心灯 / 王　琳
196 爱的感动 / 邓志强
197 播下善良的种子 / 陈　雪
199 洒下爱心，收获快乐 / 佟　岩
201 那些阳光灿烂的日子 / 田媛媛
203 记九岁的小班长——孙绍卿 / 孙　健
205 抽奖风波 / 刘晶晶

学而不厌　诲人不倦

208 班级常规管理 / 刘　鑫
210 马虎，学习的大忌 / 刘丽丽
212 贵在坚持 / 郝胜军

214 班级里的“小书虫”/ 王　璐
216 教育之真 / 崔　媛
218 教育的爱，无处不在 / 周晓光
219 教学中的点点滴滴 / 董彩虹
221 愿我的孩子在赏识中成长 / 周　昪
223 且行且回味，苏醒中的教育信念 / 曲　月
225 教育教学随笔 / 张素云
227 孩子们，我想对你们说 / 隋天娇

有教无类　因材施教

对听课的几点思考

于滨洲

听课，是教师必须具备的一项基本功。听课的方式方法如何，将影响着教师教学水平的提高；而且听课是评课的前提，只有认真听课，才能进行客观地评课。新课程强调教师要互相听课，目的是让教师通过听课，达到互相交流，取长补短，促进教师的自我反思，以此提高教师的课堂教学能力。但我经常发现许多教师对听课产生了误区，主要表现在：①对听课的内涵不甚理解，以至于不知道听什么、要怎样听；②思想不够重视，把听课当成一种任务来完成，以至于马虎应付者有之，做其他事情者有之，只当“记录员”者有之，完全失去了听课的效果，达不到听课的目的；③听课教师课前没有做好充分的准备，即没有掌握好教材和新课标要求，以至于不能较深入地对授课教师的教学环节进行评议，故而在评课时无话可说。种种现象表明，要提高听课的效率，必须加强对教师听课的培训，特别是在新课程的环境下，教师听课的程度如何，对教师的自我反思、教师的专业成长起着不可忽视的作用。那么，要如何有效地进行听课呢？我认为听课应做好以下几个方面。

一、听

听，就是听上课教师是怎样复习旧知识、引入新知识的。如：是怎样启发学生思维的？是怎样指导学习方法的？是怎样巩固新知识的？是怎样提出问题讨论问题的？只有多问几个为什么，才能在听课后对本节课的成功和失败进行客观分析，才能做到心中有数。而要做到这些，听者在听课之前必须有所准备。首先，要掌握新课程标准中的具体要求；其次，要了解上课教师的教学特点和听课班级学生的基本情况，这样在听课时才能达到良好的效果。

二、看

看，就是看上课教师的板书、教态。看上课教师使用的教具与运用现代化教学用具的手段，看学生的表情、板演、练习，看上课教师教学时间的分配，看课堂上是否全过程都让学生学，还要看课堂上教师与学生是如何“打交道”的，等等。

三、记

记，就是记录听课时听到的、看到的、想到的主要内容。记听课的日期、节数、班级、学科、执教者、课题、课型；记教学的主要过程，包括主要的板书要点；记学生在课上的活动情况；记本节课的教学思想和教材处理，了解课堂上是否做到面向每一名学生，在面向每一名学生的前提下是否兼顾“两头”（优秀生和基础差的学生），使得各个层次的学生都能学有所得；记对这堂课的简要分析。记录要有重点，详细得当。教学过程可做简明扼要的记录，讲课中符合教学规律的好的做法或存在不足的问题可做较详细的记载，并加批注。

四、思

思，就是想一想这堂课有什么特色。如：教学目的是否明确？教学结构是否科学？教学思想是否端正？教学重点是否突出？教学难点是否突破？教法是否灵活？学生学习的主动性、积极性是否得到充分的调动？寓德育、美育于教学之中是否恰到好处？教学效果是否好？创新精神和实践能力是否得到培养？听者听后可设身处地地思考这样一些问题：“这节课我该怎样上？”“假如学生质疑我，该怎么办？”“为什么她的学生听课兴趣这么浓？”……

五、谈

谈，就是和授课教师、学生交谈。可先请上课教师谈这节课的教学设计与感受，请学生谈这节课的收获与不足，统计学生对这节课的满意情况和目标达成情况，然后再由听课教师谈对这节课的看法，谈这节课的特色，谈听这节课受到的启迪与所学到的经验，谈这节课的不足之处，谈自己的思考与建议。交换意见时要做到明确的问题不含糊，吃不准的问题不回避，但要注意可接受性，切忌信口开河、滔滔不绝、夸夸其谈。要突出教学思想、教学方法和教学效果，特别是教学效果，因为一堂课的优劣最终还是体现在教学效果上。

在新课程的环境下，如果听课教师能做好一听、二看、三记、四思、五谈，那么他们肯定会有所收获，这不但会促进听课教师自我反思能力和授课水平的提高，也有利于教师的专业成长，更有利于教师适应新课程的职业发展。

如何培养学生良好的学习习惯

杨 阳

小学二年级是儿童形成各种习惯的最佳时期。在这一阶段重视培养学生良好的学习习惯，不仅能直接影响学生的学习成绩，而且在一定程度上还能影响其能力、性格的发展。义务教育小学数学新教材提出："良好的学习习惯并不能简单地理解为只要求学生上课坐好、举手发言等外在的形式，更重要的是要逐步引导学生独立思考、敢于提问、认真倾听别人的意见、乐于表达自己的想法等内在的学习品质。"为了进一步培养学生良好的学习习惯，我们应该充分关注学生良好学习习惯的养成，并将这一目标贯穿于教学的全过程。那么，应该培养学生哪些良好的学习习惯呢？

一、培养学生专心倾听的习惯

专心倾听是学生主动参与学习过程、积极思考的基础，也是提高课堂学习效率的前提。因此，教师要培养学生上课专心倾听的习惯。上课专心倾听包括看、听、想、做四个方面。

（1）看：就是看老师演示、板书和动作。

（2）听：就是注意倾听老师的讲解和同学的回答。

（3）想：就是想所学的内容，想自己学会了什么，还有什么与别人不同的见解。

（4）做：就是动手操作学具和做练习。

为了培养学生上课专心听讲的习惯，①要求学生听课时，思想不要开小差或做小动作，注意力要集中；②要求学生认真倾听其他同学回答问题，仔细研究他们回答得是否正确，有没有需要补充的，有没有更好的建议；③要求学生仔细观察老师的演示和板书，并按要求认真操作学具，做好练习。

为了吸引学生的注意力，使他们上课专心听讲，我认为教师在讲课时一定要精神饱满，而且语言要生动有趣、条理要分明、方法要灵活多样，力求使课堂教学引人入胜，使每名同学都乐于听讲。

二、培养学生独立思考、合作交流的习惯

在数学教学中，必须使学生积极开动脑筋，乐于思考，逐步养成独立思考并与同伴交流的习惯。一般来说，教师提出问题后，智力水平高的同学能很快举手回答，但为了照顾到中、下程度的学生，应多留一些时间让大家思考，有时也要让那些没有举手的同学回答，让他们说说自己是怎样想的，以促进他们开动脑筋想问题。在提问时，应避免仅与个别成绩好的同学对话，而置大多数同学于不顾。要注意调动全班同学的积极性，或在老师的指导下，让一些性格内向、不愿在大庭广众之下提出问题的学生，也有独立思考、提出问题的机会。从而使学生乐于思考、勤于思考、善于思考，逐步养成独立思考的习惯。

三、培养学生认真书写的习惯

认真书写不仅能提高作业的准确率，而且对端正学生的学习态度有积极的意义。书写美观、工整是学生的基本功。数学作业一般要求学生书写格式规范，阿拉伯数字和符号的书写也要规范。二年级小学生在做课堂作业的过程中，经常会边做边玩、心神不定，教师应要求小组同学互相督促，使学生能够认真地完成作业。

虽然，小学生形成良好的学习习惯非一朝一夕之事，但由于二年级小学生的思维活跃，接受新事物快，因此，只要教师引导得法、训练效果好，就可以使学生良好的学习习惯形成的速度加快，并使良好的学习习惯在学习中扎根、结果。

只要心中充满爱

李　爽

在我的教学生涯中，曾经为了在班级起到震慑的作用，我会大声地批评犯错的学生，发火成了我教学工作中最常出现的行为。后来，因为一件小事，我慢慢懂得了只有心中充满爱，一心为着孩子们，孩子们才会真心喜欢上老师。从那之后，我一直这样坚信并努力着！

一、欣赏鼓励每一个孩子

人的心灵是敏感的，尤其是孩子们，多给予他们欣赏和鼓励，孩子们就会与我们更亲近，也更愿意听我们的话。六年前，我带过的一届学生，可以说是我从事教学这么多年以来带过的最差的班。学生不仅素质差，而且上课不认真听讲，不做作业者大有人在，多少次我真有听之任之之念，真有破罐破摔之想，可是面对眼前的24双眼睛、24个脸孔时，我为自已的想法感到汗颜。于是，我抛弃先前之念，从一点一滴抓起。一堂语文课上，我微笑着对孩子们说："你们能向同学们介绍一下自已吗？"轮到小雨时，这个孩子高声地说道："我是小雨，我每天能按时完成作业。"刚说到这儿，孩子们就哄堂大笑，我急忙摆摆手："大家别笑，老师相信他能做到，是吗？"孩子点点头，于是我和全班同学给予他热烈的掌声。我接着说："我相信你们都能认真完成作业！我想与你们共同努力，把作业工整认真地完成，大家有信心吗？""有！"孩子们大声宣言。"那么，我相信你们一定能做到，咱们就从完成作业做起！"于是从那以后，不完成作业的人数逐渐减少了。

二、教育学生令其心悦诚服

孩子们一天天长大，他们渐渐地有了独立思维能力，叛逆之心更是与日俱增，这就需要我们以德服人、以心感人。因此，刚开学时，我就让孩子们把家庭成员、父母工作、家中电话写在纸上，以利于我与孩子们的家长更好地沟通。我经常向孩子们询问家庭情况，让孩子们感觉到老师在关心他们。尤其是班里的“特殊人物”，更是花费了我不少的时间，抓住他们感情的脆弱点，耐心地对其说服规劝，于是才会有小雨那铿锵有力的“老师，你放心吧，我一定会完成”，还有小凯泪流满面的“老师，我错了”。诸如此类的事情很多，每个孩子都是在泪水中被感动的，每一句话语都是在感动中作出的承诺。

三、用爱心感染学生

爱心是具体的、琐碎的，每天我早早地到校巡视教室，看看学生有没有到齐；遇到天冷或天热的时候，要看看同学们的衣服穿得是否合适。班上的小鹏同学是贫困学生，父母离异，随爷爷生活，我总会多看他一眼，需要准备的学习用品是否齐全；对残疾儿童小庆、小懿同学更是给予无微不至的关爱，从生活、学习等多方面细心关怀；外地孩子小闯由于基础太差，学习跟不上进度，我会主动帮他补课……这些微不足道的事情，令家长感激、令学生感动。可我认为，作为教师，关心学生就应该像关心自己的孩子一样，既要关心他们的生活，又要关心他们的健康，还要关心他们是否懂得怎样做人。这正是一位教师该有的爱心。十几年来，我就是这样播撒着爱的种子，收获着爱的硕果。

做老师，真幸福！不仅有孩子们的爱戴，还有家长们的信任，更有丰富的情感世界。只要心中充满爱，一心为孩子们着想，我就是最幸福的老师！我会一直这样坚持做下去的！

分组学习，共同进步

白　跃

俯首提笔，阳光斜照在案头，我不禁感慨良多。正是一年前的那些在书桌前坚持不懈、夜以继日的学习和努力，才使自己终于如愿以偿地实现了成为一名人民教师的梦想。

2017年春天的一个雨日，是我来村小学报到的第一天。下车后，扑面而来的是雨后清新的空气和泥土的芬芳，就如同这里质朴的学生。我想这里就是我教师梦开启的地方，对未来的教学生涯，我的内心充满了激动和期待。

我被分配到的村小学是一个地方"标准"规模的农村学校，班级不多，班型很小，每个班级不超过十五人。这一点多多少少超出了我的预想，最主要的是我担心未来的课堂教学和学习氛围，这也提醒我要对教学工作更加重视，要充分利用这些利弊因素和小班型特点。为了使教学更具有针对性，能更加强调学生的主体地位，充分调动学生的主观能动性，我尝试性地安排了较多的分组讨论、分组练习、分组教学、小组比赛等活动，尽可能地让学生们融入教学活动，吸引大家的注意力和能动性。

在这些教学活动当中，我和学生都有各自的收获，这让我对未来的教学更加充满信心。我把一个班分成三到四个小组，每组由一两个成绩好的学生带两个成绩较差的学生，然后根据课堂内容让他们进行口语对话练习、课文朗读、单词和词组的背诵及检查等。这样的分组安排，既让好学生巩固了知识，又提高了他们的积极性和责任感，同时，在组长的组织和要求下，后进生也会增加练习量和学习注意力。记得四年级班里有一个"小魔头"，上课不认真听讲还经常捣乱，学习成绩很是让老师们头疼，但是自从有了分组教学模式后，在小组长的严格要求和紧密看管下，"小魔头"也抵挡不住这些强攻，乖乖地配合完成组长的要求和任务，学习态度也端正了很多，注意力也更加集中了，真有点"一物降一物"的感觉。一个学期坚持下来，小组成员的学习成绩都有了不同程度的提高，特别是这个"小魔头"的成绩有了一个飞跃式的提高，这也让他的学习态度有了很明显的改善。

与此同时，我还在课上和课下引用了奖励竞争机制。在课上表现、课下作业、考试成绩等考核方面，以各小组为单位，每周表现最好的小组获得星星奖励，每月累计最多的小组会有小奖励或小惊喜。在这种奖励动力的鼓舞下，小组的学习气氛提高了一个层次，成绩好的同学想好好表现提高分数，学习落后的同学也努力追赶、不想拖后腿，大家互相监督、互帮互助，学习氛围和课堂效果有很大改善。三年级有个小女生平时很内向、很害羞，而且学习成绩也一般，但在这种小组激励制的鼓励下，她的课上、课下表现都有了很大的进步，学习更加积极主动。有一次，她因为差了一点，没有得到小红星奖励竟然伤心地哭了。我告诉她，别灰心，以后的机会很多，只要努力让自己每天都进步一点，好好学习，一定会得到更多的小红星，成为班里的“小红人”。她听完用充满渴望的眼神看着我，很坚定地跟我说：“老师，我一定会做到的！”我听完她的话，心里莫名地多了些热血和激动，好像被这个小女孩焕发的能量感染到了。

这些收获让我有一种成就感，也让我有了很多总结和体会。教育是一门科学，也是一门艺术，要学会“因材施教，因地制宜”。教育者要善于利用教育资源和规律，探索和激发学生们的自主性和潜力性，引领学生，共同成长。对学生的关爱是老师的本能，但能正确地引领学生则是更高层次的关爱，正如我们常说的“授人以鱼，不如授人以渔”。

培养小学生数学学习兴趣的几点体会

吴文秋

爱因斯坦说过："兴趣是最好的老师。"尤其是小学生，兴趣更是其不可缺少的内在动力。小学数学是一门非常重要的基础学科。培养学生数学学习的浓厚兴趣，对于小学生主动探究知识、优化学习效果，具有重要意义。因此，教师在教学过程中应有意识地培养和激发学生的数学兴趣，充分调动学生学习数学的积极性和主动性。下面就如何培养小学生学习数学的兴趣，谈几点体会。

一、诱发好奇心，产生兴趣

"好奇是学生的天性。"因此，我在教学中有意识地诱发学生的好奇心，使学生产生学习数学的兴趣。

在进行"长方形面积"教学时，我先安排了一个抢答题，展开了一个别开生面的竞赛。抢答题内容是：如果一个小正方形的面积是1 cm^2，那么下面图形的面积分别是多少平方厘米？

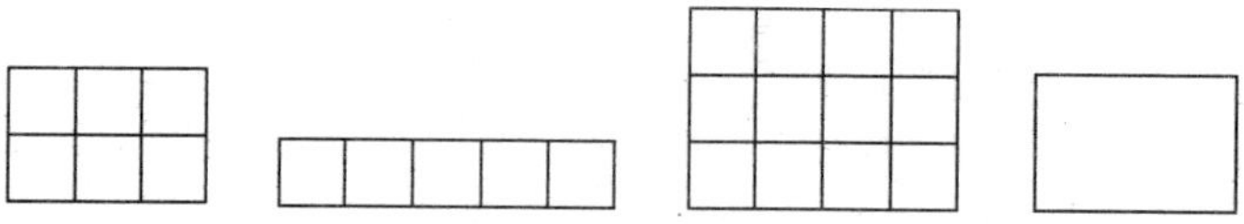

（1）　　（2）　　（3）　　（4）

回答前三个小题时，学生们争先恐后，课堂气氛非常活跃；到第4小题时，大部分同学闭口不答，只有少数同学说是1 cm^2。此时教室里很安静，与之前的课堂气氛形成了鲜明对比。我抓住这个机会问道："同学们，你们想知道这个图形的面积是多少平方厘米吗？"同学们异口同声地说："想！"此时同学们进入了一种"心求通而未得，口欲言而不能"的境界，因此要使他们保持继续探索的愿望，从而使他们学习数学的兴趣在好奇中产生。

二、留足探索时空，提高兴趣

现代心理学研究指出，学生的学习过程，不仅是一个接受知识的过程，而且是一个发现问题、分析问题、解决问题的过程。这个过程一方面是暴露学生产生各种疑问、困难、障碍和矛盾的过程；另一方面是展示学生发展聪明才智、形成独特个性和获取学习成果的过程。正因如此，新课程强调学生探索新知的经历和获取新知的体验。这就需要有足够的时间和空间做保证。因此，我在教学中最大限度地留给学生探索的时间和空间。

在进行“梯形面积”教学时，我先组织学生回忆了三角形面积公式推导的方法，然后放手让学生与小组同学合作，探索梯形面积公式的推导方法。各个小组的同学纷纷动手操作。同学们在自主、合作、交流中，在动手、动脑、动口中获取新知，先后探索出八种方法来推导梯形面积公式。此时，同学们的脸上挂满了笑容，他们体验到了成功的喜悦，也使其学习数学的兴趣在足够的探索时空中得到提高。

三、做好课后延伸，巩固兴趣

数学来源于生活，生活中处处有数学。把所学的知识运用到生活实践中，是学习数学的最终目的。因此，应结合数学教学内容，适当安排好课后实践活动。这样，培养学生数学学习兴趣的任务就从课内延伸到了课外。

如《长方体表面积》一课，课上学生通过合作学习，在实践操作的基础上，既推导出了长方体表面积的计算公式，又学会了运用公式解决实际问题。但长方体表面积的计算并没有结束，为了保持学生学习数学的兴趣，帮助学生解决生活中的实际问题，课后为学生设计了这样的实践活动：“如果将10盒火柴包一包，你能设计出几种不同的包装方法？你认为哪种方法最好？为什么？并到超市去做一次调查，看一看超市里的一包（10盒）火柴是怎样包装的？”通过这样的实践活动，学生进一步了解了数学在实际生活中的应用，加深了其对数学价值的认识，增强了他们学好数学的信心和决心，从而使学生学习数学的兴趣在课后延伸中得到巩固。

总之，培养学生数学学习的兴趣是一个长期的过程，培养学生数学学习兴趣的方法也是多种多样的。以上几点浅见还有待于在教学实践中不断完善。只要我们持之以恒，结合学科特点认真研究和探索，就一定能唤起学生极大的学习兴趣，变“要我学”为“我要学”，使学生都能够积极主动地参与到学习中来，使其始终处于学习的最佳状态，从而收到事半功倍的效果。

“诱惑”孩子看有趣的书

王佳莹

每周二下午的第二节课都是阅读课，当孩子们沉浸在一个个趣味横生的故事里时，总有一个孩子显得格格不入。只见他拿着画笔在纸上画啊画，画的都是刀枪棍棒等一些男孩子喜欢的东西；观察了两三次后，当他再一次拿起画笔时，我把他叫到跟前决定“诱惑”他。

我说：“老师给你讲一个关于武圣关羽的故事……”讲到引人入胜、孩子听得聚精会神时，我说：“我刚刚读到这里，后面发生了什么还不知道呢！等老师读完了再给你讲。”

这样反复几次后，搔得孩子心里直痒痒，看他听得着急的样子，我知道“诱惑”成功了一半。这时，我顺水推舟地说：“要么你自己看看去吧，后面书架上就有这本书。”只见孩子的眼神里有了一丝顾虑：“老师，我拼音没学好，不认识的字不会拼。”我恍然大悟，微笑着对他说：“有不认识的字没关系，尝试理解着去读。到了猜不懂的时候就来问老师。”打消了他的顾虑后，孩子就像小鸟一样跑到后面书架上找到了这本书。

阅读并不是个难进入的过程，最主要的是要让学生可以无所顾忌地拿起一本书开始读。慢慢地，我会利用下课时间把他叫到身边，假装自己没时间往下看，表现出急于知道后来又发生了什么，让他把读到的内容讲给我听，并和他一起聊聊主人公的一些有趣的事。这让他越读越有兴趣，以至于后来他会主动找我并和我分享他又读到了哪些有趣的故事。

读完这本书后，孩子羞涩地走过来找我，跟我说：“老师，这是一系列的书。除了这本武圣之外，还有书圣、诗圣、医圣……我决定把班里有的书都看完，您说我接下来应该看哪一本？”看到他小小的眼睛里流露出的坚定眼神，我就知道阅读对于他来说已经成了一件非常简单的事，完全从兴趣转变成了乐趣。

从此以后，每当学生们围到我跟前时，我都细心地听他们讲又读到了什么、什么故事更有趣。我想，只有更深入地了解孩子，才会有针对性地提出建议，给孩子们选择阅读书目。不要完全用成人的眼光去挑选书籍，更不能以“有没有用”来判断，最主要的是要考虑孩子的知识面和他们的兴趣所在。

真正适合孩子们的东西他们一定不会拒绝，他们抗拒的要么是不喜欢的、没有兴趣的，要么就是作品本身不够好的。有时候我也会想，有趣的书就算读了会不会也对孩子没有用。书越读越多，慢慢地这种想法也就不复存在了。“有趣”和“有用”并不是对立的，有趣的书往往也是有用的书。只有“有趣”，才能让孩子真正愿意去读、去思考，只有真读、真思考才能实现其“有用”的价值。

作为老师，我们在阅读的问题上，既要对孩子们加以引导，也要学会尊重孩子们的意愿，最大限度地“诱惑”出孩子们的阅读兴趣。人最难抗拒的便是“诱惑”，最讨厌的就是“强迫”，大人、孩子都一样。在教育中，想让孩子接受什么，就去“诱惑”他；想要他抵触什么，就去“强迫”他。这是超级有效的一招。

兴 趣

——美术学习的源泉

孟岱麒

我今年刚刚加入教师队伍，正式开始美术学科的教学已经一个多月了。在这一个多月里，我一直怀着努力且认真的态度对待这个学科，希望自己能做得更好。我认真备好每一节课，尽我所能地教给学生更多的知识，让他们了解美术，真正热爱美术。我知道我刚刚踏入这个岗位，还有太多的不足，但我会努力，努力，再努力！很多人都认为美术是副科，所以对这个学科并不是很重视，我也是因为这个原因在实际教学中遇到了不少困难和挫折。

苏教版的美术教材较之前相比更加强调创新性和学生对美术的兴趣，培养创新精神、审美能力以及激发学生学习美术的兴趣是首要目标。教科书上的插图和其他内容比较少，所以在上课之前需要准备的东西更多。在备课以及课件中我要加入许多新鲜内容，通过听、看、说、玩来培养学生的兴趣。每个班级都有多媒体，通过课件的展示，既能让学生更加直观地感知到实物，也能充分调动学生的积极性，提高课堂效率。通过让学生们多看课件中有趣的图片和故事以及内容，可以让他们更深入地了解这节课的内容。通过各种途径展示教学内容，让学生们集思广益，打开思路，尽可能地发挥想象的翅膀，将自己所想的内容通过各种有趣的形式表现出来。

在课堂上，我还要驾驭课堂，不能太紧也不能太松。课堂纪律虽然是主旋律，但有些学生尤其是低年级学生看到一些新奇的事物和图片难免会很兴奋，很难像高年级的学生一样会控制情绪。有一次，我给一年级上《美丽的盘子》一课，在上课之前，我收集了不同形状、不同色彩、不同图案的盘子让学生看，当我将教学内容通过多媒体的形式展现给同学们时，整个班级都沸腾了，“好漂亮”“哇”的声音此起彼伏，这时就需要老师来维持课堂纪律。老师要开动脑筋，把握好课堂的氛围和节奏，这样才不至于使同学们降低兴趣。

如可以在实际教学中加入一些速写的画法，在实际教学中为他们创设情境，让他们体会艺术带来的美感，从而激发学生的兴趣爱好，在感受快乐之余陶冶学生的情操。如三年级《飞机》一课的绘画讲解，使学生了解到不同飞机的形状、性能等，引发学生的创造欲望，最后学生上台展示，一起互动，在实际教学中增强了兴趣、培养了情感。

在课上我更注重培养学生的想象能力，会对实物进行再创造，使学生在愉快的氛围下学习美术。

美术教学就是要提高学生的审美能力，培养学生的创新精神，因此要在美术教学中从不同角度去创设情境。创新精神和审美能力是美术教育中最重要的品质，没有创新就不能“青出于蓝胜于蓝”。未来的世界是不断追求创新的世界，把美术教育融入每节课的教学过程中，使学生明白自己是生活在一个“美”的生活范围中，应该用自己的双手和智慧去创造美好的世界。美术教育是表现美、发现美、创造美的途径，因此，作为教师，我们要在他们的心灵中埋下“美”的种子，使他们懂得感受美、发现美和创造美！

从“不会画”到“能画”

孙 璐

记得在三年级美术课上，坐在第一排的小男生每节课都是心不在焉的状态，到自由绘画时间，他总是拿起笔不管三七二十一乱涂一通，“瞬间”就交上作业，他每次给我的解释是“我不会画”。其实不光是他，“不会”的学生在每个班级都存在，下到一年级，上到六年级，年级越高，“不会”的越多。通过我的观察，“不会”的规律是这样的：一二年级“不会”的同学一般都进行了多次尝试，反复擦掉作品，无论怎样都不满意，最后用央求的眼神让我帮他画一下；三四年级没了那么多烦恼，他们不顾绘画主题随意拿笔涂鸦，象征性地完成了所布置的作业，心里还美滋滋的；到了五六年级，“不会”的同学已经堂而皇之地在桌子上干起了其他事，图画本干脆不打开，直接说一句“我不会”敷衍了事。

起初，我遇到这些同学时心里会燃起怒火，可是后来我发现，低年级“不会画”的同学其实是怕自己画得不好挨老师的批评，而高年级“不会画”的同学是怕自己画得不好遭到同学的嘲笑。不同年龄段的学生，心理表现不同，所以，之后我再遇到这些情况时就会对他们说：“画不好没关系，只要认真画了就行。”从而鼓励他们进行绘画，但是这个方法只对低年级的部分同学比较有效。随着时间的推移，渐渐地我发现学生的绘画能力是需要培养的，除了教师的不断鼓励和表扬之外，还要运用正确的教育教学方法培养学生对美术的兴趣。

美术课不仅能让学生学到绘画与制作的本领，培养学生的综合能力，还能使学生感受到身边的美、体验到生活中的美，对学生各方面成长都有着重要的作用。但能让学生全身心投入到美术课上，还要使其有浓厚的兴趣，对于一名农村小学的美术老师，对于美术课的要求有一定难度，因为这里没有专门的美术教室，没有充足的美术材料，学生无法深入和全面地体会到美术的奥秘，没有了兴趣，自然就容易出现“不会画”的现象。

通过在教学实践中的不断摸索，我似乎寻找到了一些方法。记得二年级的课程《花儿朵朵》，在第一课时，我带着学生认识了花朵的基本结构，我知道孩子们最感兴趣的是科学知识，我让学生们变身为小画家，画出一朵世界上最美的花，他们表现出了很高的热情；到了第二课时，我引领学生发现身边带有花朵图案的物品，又让他们变身成小设计师，设计一个漂亮的产品，没想到同学们反应强烈，情绪比第一节课还要高涨，显然身份的转变使他们有了极大的兴趣。几名“不会画”的小同学虽然本子上只是画着简单、扭曲的图案，但他们已经由“不会画”慢慢变成了“我能画”的样子。没想到教师简单的一句话能引起学生如此大的变化。所以说，一节课中除了实物、图片、视频，教师的语言也起着关键的作用。

学生的能力水平有很大的差异性，表现也参差不齐，但每一名学生都有潜在的能力，所以教师要在提高学生兴趣的基础上，根据学生的个性及作品造型特点的不同因材施教，分别对学生进行鼓励和引导，使每一名学生的个性都得到张扬，不能放任“不会画”现象的发展。只有有目的地调整教学形式，有针对性地解决教学中的问题，才能在不断成熟的教学中积累更多的经验，最终使自己的教学水平得到提高。

区域活动《巧玩晾衣夹》中的奇思妙想

李墨染

在幼儿的世界中，所有的事物都充满着无限可能。他们天马行空，小脑袋中充满了奇思妙想，幼儿园中的活动材料和教师的合理支持恰好为幼儿的各种想法插上了创新的翅膀。

在我们小班的益智区中，我投放了多种多样的晾衣夹玩具，利用其促进幼儿手部小肌肉的发展，有长长的毛毛虫和色彩艳丽的小孔雀，通过这种直观形象的玩具来激发幼儿游戏的兴趣，增加教师发现幼儿在活动中"哇"时刻的机会。

图1　幼儿用夹子制作小孔雀

图2　幼儿用夹子制作毛毛虫

在开始进行区域活动后，我发现棒棒在自主选择游戏材料时并没有选择看起来特别漂亮的玩具，只见他进入区域后就将晾衣夹拆卸下来，专心致志地将晾衣夹的首尾夹在一起。见到他的这一举动，我十分好奇，便采取了平行介入，走过去问："我能和你一起玩吗？"棒棒不仅欣然答应，还主动和我分享他的创意，只见他头也不抬地告诉我："我在做变形金刚呢！"随后他继续玩夹子，将夹子越夹越长，不一会儿他又将长长的"变形金刚"拆开了，一边拆还一边自言自语地说："这个太长了，一会儿就会断了。"就这样，他在试验中不断地收获经验，随心所欲地进行创造。

图3　幼儿用夹子制作变形金刚

图4　幼儿用夹子制作飞机

幼儿的想法总是新奇而多变的，在进行叠夹变长后，棒棒又突发奇想地将夹子变了个形状夹在一起，这一次他边做边认真地为我讲解：“这是我的大飞机。”在他神奇小手的改装下，不一会儿，一架晾衣夹飞机诞生了。他非常高兴地告诉我：“你看，我的变形飞机！呜——呜——呜——”于是，我继续对棒棒的行为进行引导。“你可真厉害，那你的变形飞机要去做什么呀？”他非常认真地想了想：“我把它放在小孔雀这儿。”于是他将夹子又都放回到小孔雀的身上了。用变形飞机帮助小孔雀找回了漂亮的羽毛，这个游戏达到了培养幼儿物放有序的目的。

图5　幼儿用夹子制作飞机

图6　幼儿用夹子制作小孔雀

我们在区域中投放晾衣夹的初衷主要是想通过绚丽的玩具来吸引幼儿，达到促进幼儿手部小肌肉发展，增强幼儿精细动作准确性，加强幼儿手眼协调性的目的，为幼儿后期的发展打下基础。其实在本次活动中，棒棒的表现给了我一个惊喜，从他由小小的晾衣夹联想到变形金刚，我看到了处于以物代物游戏阶段之外的、独属于孩子的超强想象力。通过观察，从他模仿飞机飞行时嘴里不停地发出呜呜声的这一现象，可以看出这是幼儿平时对声音的感知成果，是对生活中所积累的已有经验的运用。最后，幼儿将变形飞机拆开又还给了小孔雀做羽毛，很好地展现了他物放有序、有规则意识的一面。

在整个活动中，棒棒都积极主动地给我讲解他的想法，分享他喜悦的心情，在这一过程中，他的语言表达能力和社会交往以及社会情感能力等都得到了发展。其实，幼儿在小班阶段的口语表达能力发展并不完备，所以，在活动及日常生活中要抓住教育契机引导幼儿说完整的话。幼儿社会性的发展也是在沟通和交流的过程中进行的，棒棒的表现达到了《3–6岁儿童学习与发展指南》中愿意与人交往的目标，但在与同伴交往的方面还有所欠缺，需要更进一步的支持和引导。

在本次的活动中，幼儿模仿变形飞机的环节，让我产生了灵感。我觉得可以请幼儿观察自己最喜欢的那些事物，连续观察五天之后，请他们到幼儿园来和小伙伴们进行简单的模仿秀。通过模仿他们最喜欢的那些事物的声音、形态和动作等，来满足他们爱模仿的需要，还能够在与同伴共同游戏、互相评价等环节中促进幼儿学会与同伴友好相处，发展良好的同伴关系。

教育是在反思—实践—再反思—再实践中不断试验和调整，最后获得最有利于促进幼儿成长发展的方法的产物。所以在活动中产生灵感后，我就将这一想法付诸实践，在后来开展的模仿秀中，大部分幼儿的模仿都比较形象、有趣，幼儿通过与同伴的沟通和交流，能初步说出喜欢谁的表演及为什么喜欢，使他们在口语表达方面取得了相应的发展。模仿秀结束后，孩子们都觉得有些意犹未尽，所以我准备日后再多增加一些观察创作的小活动来培养幼儿的观察力，希望幼儿能有更多的想法和创意来给我惊喜，期待他们的表现哟！

曾经做过的，值

刘　红

晨会上，大队辅导员赵佳老师布置了本月的校园活动，且强调只搞这一项活动。她说："各位班主任老师，让学生搜集植物的种子，然后让其发芽，再种植在土壤里，同时要求学生观察、记录、拍照。在培养观察能力、热爱自然情感的同时收集资料。到时候，以各班为单位上交学校……"领导的讲话还没结束，我就联想到了曾经的《自然》课，想起了那些往事……

记得有一年春天，中年级的《自然》课里有"花的构造"这一教学内容，要求学生观察桃花、白菜花，通过学习知道植物的花由萼片、花瓣、雄蕊、雌蕊四部分组成，进而知道由这四部分组成的花叫完全花，缺少了其中的一部分、两部分或三部分的花叫不完全花。课堂上，有关桃花的出示有两种方法：一是采用塑料模型；二是折一段桃花枝条儿。我多采用前一种方法。白菜花的出示，则是先提前半个月在家里培育。等白菜开花了，再拿到班级中，分发给学生们。一个年部通常有三个班级，我根据白菜花量的多少以及学生的人数，调节分发的个数。

上好这节课的关键是提前栽培。我选好一棵冬天储藏的大白菜，切去一部分，再掰掉外面干枯的白菜帮，然后将其根部放置在容器里，加适量的水。几天以后，我看到嫩嫩的叶儿长了出来。再过几天，叶儿渐大，逐渐展开。容器里的水分少了，就再加些。直到有一天，我在不经意间，看到白菜心处长出了柔嫩的、软软的却直着向上的梗儿，还略微地支出了好几个小杈儿。终于有一天，在梗的尖端，在杈儿上长出了小花骨朵儿，还露出点点的黄。我看着眼前即将开放的白菜花，想到课堂上学生们那兴奋的神情，心里甜得像吃了蜜……

在一个晴朗的早晨，太阳喷薄欲出，朝霞染遍了东方的天空，我把开得像油菜花似的黄，像山间野花般精神的白菜花带到了学校。

课堂上，学生们小心翼翼地把白菜花儿放在手心里，兴奋的表情洋溢在稚嫩的脸上。你看看我的，我瞧瞧你的。那种感觉，仿佛不是在看名不见经传的白菜花，而是在欣赏雍容华贵的牡丹。我提出观察任务后，他们开始看颜色，看大小，看花瓣，看花心。从里到外，从外到里，看了又看，总也看不够。解剖开始了，兴趣盎然的学生们用镊子先把最外面的萼片剥下来，再剥花瓣，然后是雄蕊、雌蕊。每剥一个都小心地摆在纸上。剥完后再用放大镜仔细地观察，边观察边画下草图。

我们都知道，学生们的秉性是不一样的，有的文静，有的活泼。一般情况下，哪个班都有一两个坐不住的，只是程度不同而已，而这节课上却没有一个不听话的。仅此一点，就给我留下了深刻的印象。

我亲手培植的白菜花，在课堂上能充分利用已经很值了。

除了植物的花，还有种子的构造和萌发。它们已经演变成了我的教学故事，待我逐一分享给大家。

三尺人生

何天宇

“一年之计，莫如树谷；十年之际，莫如树木；终身之计，莫如树人。一树一获者，谷也；一树十获者，木也；一树百获者，人也。”正所谓十年树木，百年树人。一个国家、民族、家庭只有做好人的培育才能得以延续、繁衍和传承。我有幸成为一名教育工作者，担负起育人成材的责任。三尺讲台，一支粉笔承载了我一生的爱与责任。

我的教育生涯开端于一个乡村小学，不同于城市中的孩子，在民风淳朴的小乡村，孩子们如同清澈、甘醇的溪水，他们唯一向往的外部世界就来自于三尺讲台和一支粉笔。站在讲台上的我，不单单是一个教书匠，而是要把五千年文化历史融入教育来育人的贵人。对于根正苗红的新一代来说，教育已不仅仅是简单的授业、解惑，而是以德、智、体、美、劳全面发展来育人，从一个孩子身上能看出一切教育的可能性。“人的智慧掌握着三把钥匙：一把开启数字，一把开启字母，一把开启音符。知识、思想、幻想就在其中。”（法国作家维克多·雨果）小学生的思维是发散的，与其告诉他们该怎样做，不如看看他们会怎样做，错的时候再去纠正，不要去扼杀孩子们短短几年的童年时光，只有在德育的同时进行智育，他们才会真正地成长起来。我们常说教书育人，但我认为应该是育人教书。只有先成为一个品德高尚的人，才能最终成为一个有能力的人。只有品德高尚、能力很强的人才能为国家、为社会创造财富。因此，作为教师的我们不仅是知识的传承者，更是一名育人者。

德育是孔子最基本的教育内容，其最主要的内容是“仁”。孔子对“仁”有许多解释，最中心的原则就是“爱人”。在德育的方式上，他十分注重实践，强调“听其言而观其行”。同时他还提出孝、悌、忠、信、勤、义、勇、敬、诚、恕、温、良、恭、俭、让、谦、和、宽、敏、惠等一系列具体概念，丰富和发展了德育的内容。从孔子教育的目的上看，他要培养的是内在素质和外在表现和谐统一的君子，所以，他教育的内容也是德才并重的，既加强道德教育，也注重知识教育。

对于初出茅庐的我来说，先要知道自己缺少的是什么，如此才能将勤补拙；先懂得了教育的道理，再寻找教育的理念，才能更好地发挥我在这“三尺”空间内的最大作用，也许谈不上效仿圣人，但也要以“仁”心来教导学生。“师者，父母也”，大人的一言一行都影响着孩子的成长，而每天与学生接触时间最长的便是身为教师的我们。正因如此，“以身作则”成了我的处世准则，怎样做好教育，怎样把德育、智育更好地融合起来，也成了我每日要思考的课题。

来到乡村小学，我最大的感触是——这里的家长不同于城市里的学生家长，他们并不重视教育，孩子们来学校的目的似乎也不是学习。对于刚刚工作的我来说，有些彷徨，有些无措，我要时刻督促他们回家把作业做完，考试认真地读题，至于其他的辅助学习我更是无从知晓。城市里的孩子们已经习惯了写作业，做额外的习题，可是对于这里的孩子们来说，他们缺少了一份约束。我不想去约束他们自由的成长，正如孔子说的，我要学会因材施教，用一种扬长避短的方法来完善学生们的德、学修养，找到最适合他们的学习方法，这才是我最应该做的。

学习是一个漫长而复杂的过程，学生不可能一下子将所有的知识全部消化，而是要经过长期不断的积累，这就要不断地对已学过的知识进行复习总结。子曰：“学而时习之”“温故而知新”，显然不断地复习总结是学习中很重要的环节。当然，这种复习不能是机械的重复，也不能只是简单地重复记忆。每次的复习总结都应有不同的角度、不同的重点、不同的目的，这样每次重学才会有不同的感觉和体会，才会一次比一次获得更深的认识，而知识的学习与能力的提高就是在这种不断重复中得到升华的。此外，“三人行，必有我师”“知之为知之，不知为不知，是知也”，学习中要善于向比自己好的人学习，不断地完善自己。对待知识要实事求是，不能不懂装懂，要养成谦虚诚实的学习态度。学习可以使人获得知识、发展智力、培养能力。在不同的学习阶段中，人们又会总结出许多学习方法，许多方法甚至沿用至今。

我已是一名小学班主任，朝八晚五地忙碌着，看着孩子们懵懂的眼神，我想可以将其理解成是对知识的渴望吧。“在梦中播下再多的种子，也得不到一丝丰收的喜讯；在田野上哪怕只播下一粒种子，也会有收获的希望。”（法国作家，维克多·雨果）就拿育人来讲，说得再多也是空谈，只有付诸实践才能知道是否可行。“教学的艺术不在于传授本领，而在于激励、唤醒和鼓舞。”（德国教育家，阿道尔夫·第斯多惠）现在，我已渐渐适应了教师的生活，熟悉了每个孩子的脾气秉性，也慢慢学会了调动课堂气氛的小方法，尝试着用不同的方法去督促和激励孩子们认真完成作业；每每感到无力的时候，也懂得了怎样调解自己的情绪，要时刻以饱满的热情和端正的工作态度对待每一名学生。

站在小小的三尺讲台上，手握着粉笔，书写的是我对于教师这个职业的虔诚和对孩子们无限的热情，也承载了孩子们对于一位教师的信任和对未来的无限向往。我要尽情地挥洒我的青春，谱写一个阳光满溢的三尺人生。

快乐的音乐教育

李思琪

随着核心素养的提出，音乐教育事业逐渐被提上了学校的议事日程。怎样最大限度地让音乐走进学生的内心世界？怎样达到新教学目标的要求和充分利用并实践新的课程改革？怎样把自己在学校学到的理论知识发挥到教学实践当中去？这些问题成为作为年轻教师的我在课堂教学实践中不断思考与实验的课题。

一、课堂纪律的管理

慢慢地我体会到，要上好一堂课并不难，难的是上好每一堂课。作为一名教师，我们应该把握学生的心理特征，从而对课堂纪律进行有效的调控。在低年级的音乐课堂上，前几十分钟，同学们的配合还是相当不错的，但是很快课堂中就出现了难以收拾的“热闹”。记得在第一节音乐课的时候，因为我并没有很好地了解6～8岁儿童的心理特征，在上课前15分钟还没有进入主题，致使课堂出现了闹哄哄的情况。当时，我不知所措，只会发脾气，最后使得学生与我出现了比较尴尬的情况。后来我查阅了相关书籍，了解到6～8岁儿童的心理特征，他们都是集中力时间比较短的孩子，因此必须把握好课堂的前15分钟，提高课堂的效率。为此我将自己的教学安排做了相关调整，我通常把师生问候、练声及复习前一首曲目的时间控制在前5分钟。通过简短的导入然后直奔主题，这样一来学生就能很好地掌握本节课的重点及难点知识。而导入的方式也必须引起学生的兴趣，对于低年级的学生，他们对于动画视频导入、故事导入或者聊天的方式导入都是相当感兴趣的。把握好学生的心理特征，课堂的效率已经可以提高一半了。

二、改变教学设计，使学生更好地掌握音乐知识

最初的我一直都是按照自己的教学思维在走，没有为孩子考虑太多，只

知道按照教学参考书上的教学任务、教学建议来固定我的思维，结果往往造成时间不够。一节课的时间不能好好把握，学生学唱歌曲时间太短，再加上有游戏活动等更会占用时间。因此，我把学习和欣赏歌曲分开教学，游戏适当穿插，并且在上新课之前都是进行过复习的，这样的改动让我在教学歌曲上还是有所进步的。我还在上课时尽量运用电子琴教学，这样不仅能够对孩子的音准进行更正和掌握，还可以提高学生学习的积极性。我还用了音乐当中的模唱教学法和跟唱法来教学歌曲，在学习歌曲前都是先把歌词用节奏来教唱，这样学生对歌曲的节奏便能够很好地把握。

对于我这个教学经验还不是很多的人来说，一年级的音乐课最让我头疼。功夫不负有心人，经过我的努力，慢慢地我掌握了低年级学生的性格特点。每次在开始上课时，我都会带上奖章，作为奖励发放给表现最好的孩子，这一招总会特别奏效。孩子们也渐渐喜欢上我的音乐课了。我觉得这也是对我工作最大的鼓励。

三、把乐器和舞蹈、游戏带进课堂，展示学生的自信

刚开始上课的时候，孩子们都很胆怯。为了增强学生的自信，我把乐器、舞蹈、音乐表演等活动运用到教学当中，果然得到了不错的反响——不但活跃了课堂气氛，而且很好地培养了学生的节奏感。对于刚刚接触音乐的同学，他们会觉得学习节奏是一大难点，如果只是简简单单地叫他们跟着老师来拍掌，这样枯燥的学习是很难调动学生积极性的。因此，在某些节奏性强的歌曲中，我尝试着多用乐器来辅导，先让学生跟着我用嘴和手同时打节奏，并强调嘴和手要一致，然后我再做乐器示范，最后从每组学生中挑选几位出来表演。通过他们的表演和我的引导，下面的学生很清晰地看到台上哪位同学打的是正确的，哪些是错误的。反复地多练习几遍，学生便很快能把节奏和乐器配合起来了。而且这样的节奏学习，会让他们感到趣味性增强了，学习起来就变得简单了。而在某些民族歌曲的学习中，我会简单地介绍该民族的舞蹈手型或脚位，也让他们按照学习乐器的方式进行，这样学生就很容易跟着歌曲跳动起来。

记得那一堂音乐课学习的内容是“认识七个唱名”，我问小朋友们：“你们有没有哪位小朋友已经认识了呢？”首先，我带着学生以《找朋友》的游戏认识了“do、re、mi、fa、sol、la、si”七个唱名。其次，又带着他们模仿我做手势。但是我发现他们在跟我做手势时，兴趣不是很高。我想了又想：为

什么不能让他们自己来为音乐王国里的七个小朋友编上动作，让他们自己来熟悉音的高低呢？等我把想法说出来后，就有好几个小朋友举手说："老师，老师，能让我来试一试吗？"还有几个小朋友甚至离开座位来扯着我的衣角，要我叫他表演。于是，我请了一个小朋友让他做"do、do、do"的动作。这时，我发现很多小朋友都举起了小手，在跟着他表演。看着孩子们的表演，我知道孩子们掌握了这个内容。于是我又叫了好几个小朋友为re、mi、fa、sol、la、si这六个音编动作，看着孩子们编的动作再加上我的引导，他们对这些音很快就完全掌握了。

周弘先生说，每一个孩子，都有自己的独立人格，有自己的生命权，我们要懂得尊重；每一个孩子，都有巨大的不可估量的发展潜力，我们要懂得信任；每一个孩子，都有自己的独特个性，有与众不同之处，我们要懂得理解；每一个孩子，都有长处、闪光点，我们要懂得热情激励；每一个孩子都有短处和缺点，我们要懂得耐心和宽容；每一个孩子都免不了会犯错误，我们要懂得友情提醒，一定要坚信，没有教不会的学生，只有不会教的老师。

诺亚方舟 共同前行

当一位启蒙老师不简单

曹 莹

2018年2月1日是我人生中最重要的一天，这一天不仅开启了我的职业生涯，还完成了我的梦想——成为一名光荣的人民教师。这一天我的心情很复杂，有兴奋、有担忧。兴奋当然是因为自己不再用父母担心可以独立生活了，担忧则是因为我要担任的是一年级的班主任。对于刚踏入工作岗位的我来说感觉到很茫然，不知道孩子心里的想法，而且孩子们懂得的东西比较少，担心自己讲的课不能让孩子们听懂，以及我要如何在这一张张白纸上画出他们喜欢的色彩。对于没有一点经验的我，面对这些问题简直让我彻夜难眠。

在前两周的工作中，我发现一年级的孩子活泼好动，注意力不能集中并且持续的时间非常短，能否组织好一堂课成为我最大的挑战。开始的时候发怒成了我在课堂中出现的最多行为。课堂上只要发现有人不专心听讲，课下发现孩子们没完成作业，我就会在课堂上大声地呵斥犯错的学生，当时想这样做会在班级中起到威慑作用，但是随着时间的流逝，我却发现这样并没有起到好效果，因为我并没有想过这个犯错误的孩子心里是怎么想的，同时也忽略了其他学生。后来，我发现，虽然在课堂当中我班的纪律得到了改善，但是我却总感觉哪里出现了问题。因为课堂中太过安静，并且从孩子们的眼中我感受到的是他们看我时那种畏畏缩缩的目光。回想着课堂中的沉寂，我开始不断地思索并且与其他有经验的老师讨论解决方法。在和教师们的交流讨论中，我发现了自己的不足，认识到作为一名小学老师特别是一名班主任，不仅要有责任心，还要有爱心和耐心。这些都是缺一不可的，最开始的我只是认为让孩子们学会知识才是最重要的，但是现在我的想法改变了。我们不仅是传授他们知识的老师，还是他们成长道路中的引路人。

在此之后，我开始改变我的教学方法，开始想办法让我的课堂变得更有趣，激发学生的学习兴趣，吸引学生的注意力。我同时做了一些小奖品，比如小红旗、小红花等比较可爱的东西。定好课堂规则，比一比看看谁得的奖品最多。渐渐地，班级的课堂氛围发生了改变，但是我想这还远远不够。因为我发现课堂形式过于单一也是造成学生身心疲劳的关键，所以课堂形式灵活多变，营造简单、愉快的学习环境是我接下来的主要目标。

在这一个多月的教学工作中，我发现及时的表扬和鼓励是增强学生自信心必不可少的一个条件。就像我班的张芳菲同学，刚开始和她接触时，感觉她是一个不善言谈的孩子。她经常自己坐在座位上，不愿意和他人沟通交流。当我发现这个情况后，在没有其他同学的情况下和她进行了交谈。其实，她本质上也是一个活泼善良的好孩子，但是她怕和同学相处不好，怕在课堂中回答问题时出错，所以一直不敢和他人相处，不愿意在课堂中回答问题。当我知道她的问题之后，在一次课堂上特意让她回答问题。当时她回答得非常正确，但是声音特别小，就在这时，我大声地夸赞了她，对她说："你真棒，回答的和标准答案一模一样，继续努力，让同学多听到你的声音。"从那以后，我会经常在课堂中提问她，还会让其他孩子主动找她出去玩，并且会及时地鼓励和表扬她。后来有一天，我发现她竟然主动地举起了她的小手回答问题，当时我的心里无比激动，就像是自己中了奖一样，我想这就是教师这个职业的魅力所在吧。

我会在今后的教学过程中不吝啬对学生的表扬，因为我知道喜欢得到表扬是每个孩子的天性。虽然他们身心发展还不成熟，但是对于自身的评价，他们是非常重视的，他们很在意老师、家长及周围人的评价，所以，要时刻关注孩子们的心理变化，帮助孩子健康成长。

经过这一个月的学习和实践，我发现要想成为一名优秀的教师，在做好以上几点的同时，还要仔细研究教材、了解教学大纲、精心备课、精心设计教学过程，并且有计划、有步骤、有目的地上好每一节课。

在平凡的工作岗位上做着平凡而又不平凡的事情，要始终把"一切为了孩子，为了孩子的一切，为了一切孩子"作为工作的准则。总之一句话：身为一位教师，一定要有爱心、耐心和细心！

我和我的三年级一班

赵东琦

当一名教师，是我儿时最大的理想。一支粉笔，两袖微尘，三尺讲台。常年如一日，用粉笔书写明媚的四季，无论鲜花还是荆棘，平坦还是泥泞，永远带着爱前行。迎着那些渴求知识的目光，成为他们青涩年华里最美的引路人——这就是我对教师的美好印象，也是我心心念念渴望成为的人。

然而在我如愿以偿地成为一位村小班主任的时候，迎接我的却不是一双双渴慕知识的眼睛。

我接任的三年级一班，是一个只有十四人的班级。虽然人数不多，“调皮捣蛋”的孩子可不少。他们几乎是集体性地表现出不写作业、有组织无纪律和不尊敬师长的情况。

于诗博：曾多次因不写作业请家长，在老师和家长的严厉要求下依旧我行我素，甚至在言语举止上表现出对老师的藐视。

赵健行：不但不写作业，还伙同他人欺负同学。

最棘手的是张天行。他从来不写作业，在上课时公然下座位，打骂同学，顶撞老师，甚至向石宝柱老师的脸上吐口水，不做课间操，带着其他同学在操场刨坑挖土，表现出与老师对立的倾向。老师对其是束手无策。

刘子豪则为他们的出格行径出谋划策，有组织无纪律。

因为有这样几个不服管教者，教师对于其他同学的管理也面临困境。他们无法心平气和地服从管理，他们会说：“老师为什么不管张天行？”他们甚至以张天行为榜样，课堂曾一度陷入混乱。

了解到这些情况后，我一下子觉得任重而道远。但“没有教不好的学生，只有不会教的老师”，我相信一定有办法，能使我和孩子们突出重围，走过我执教生涯的第一道险阻。

孔子说：“亲其师，信其道。”让孩子们亲近我，可能是教好他们的第一步。好在教学前我已对他们有所了解，因此要在“人生初见”的宝贵时光中，给他们留下美好的第一印象。我要和他们玩儿在一起，乐在一起，取得他们的信任。果然，我用轻和的话语、积极的鼓励和身体力行的互动游戏，很快和他们建立了友谊，这样我迈出了坚实的第一步。

此时，我意识到，班中最大的问题，在于没有一个良好的学习风气。不完成作业成为普遍现象，而对其追责最终指向的也是那些不完成作业的“顽固派”。按“擒贼擒王”的常理，理应对“顽固派”严加管教，但这无疑会走回之前教育者所走的老路上，那也一定是收效甚微的。

通过我的观察，班级中缺乏一种群体道德意识——当有同学被欺辱时，除当事人之外的旁观者会嬉笑被欺凌者；当老师训责“顽固派”时，旁观同学也会用同样的形式（同样不写作业或同样不做操）帮腔或赞同他们的对抗行为（一方面可能是对“顽固派”的惧怕，使他们在潜意识中产生对“顽固派”的支持）。群体的无意识支持，成了他们对抗行为在精神上的供给。而每个人也会以“群体行为”为由淡化理性和责任感——“别人都没写，为什么说我”成为那段时间我听到次数最多的话。

是否有办法将他们的群体意识导向一个正确的方向呢？由此，我建立了奖励制度。对那些能较好完成作业、较好按照班规校纪行动的孩子，予以奖励（奖励门槛低，奖品都是具有象征意义的徽章及一些文具用品，费用不多，都是我个人支出）。

此举果然激发了大多数学生学习的主观能动性。他们以依靠自己的努力得到奖品和荣誉感到快乐和自豪；另外一些学生，则表现出漠然态度或“酸葡萄”心理。代表学生张天行就说过：“我家什么都不缺，有什么稀罕的！”但是，在无形之中，群体意识第一次不再助长“顽固派”的顽皮行径。“顽固派”被割裂于群体之外了。

对于未成年人来讲，他们的自我意识还没有成熟，自我脱离群体会令他们感到恐惧。看到大家都争取荣誉的场景，“顽固派”再也不可能置身事外，也渐渐参与到正常的教学活动中来了。

接下来，我找每一名同学谈话（群体鼓励无效），让他们的个性和情感自然地流露出来。关于学习，我避免说教，而是按照“三明治原则”，先对他们之前的成绩予以肯定，再委婉地指出他们的突出问题，最后表达精神上信任他们的想法，以此来鼓励他们，这些都取得了不错的效果。

在学习上提出要求后，我又建立了惩罚制度。这是为了进一步整治班风、深化公平原则必要的一步。在“顽固派”违反班级纪律后，当众严厉地批评，并在私下进行安慰。这时，他不写作业、违反纪律、说话下座位等行为已不再有别的同学帮腔和支持。相反，在他犯错后，即使我没有及时批评，大家也会异口同声地批评他。看着这些孩子，我感觉到群体的道德基础已然建立，整个班级正在朝着良性循环的方向不断进步。

张天行也像霜打的茄子，一改往日我行我素的做派。我知道这样的孩子是有影响力的，他已经意识到群体的道德规范对他的约束，并可以自觉遵守了。一个月后，他成了班长，至今仍严格维护着班级的纪律与正义。

执教至今，让我感触最深的，并不是那句“以身为范”。教师作为教育主体当然要起到榜样作用，但往往因此忽略集体（班风）对孩子的教育意义。就像习总书记在十九大报告中所说的，在官场要改善“政治生态”，在贸易中要改善“投资环境”一样，我觉得现代的教育必须要改善每个教育单位（班集体）的班风。蓬生麻中，不扶而直，白沙在涅，与之俱黑。风清气正，才能浴乎沂，风乎舞雩，咏而归。

教育生涯中的第一个六年级

孙艳华

白驹过隙，时光荏苒！迎着秋日的暖阳，我已经走上工作岗位整整十年了。这一年，我光荣地成为六年级的一名班主任！

开学那天，我感觉天是蓝的，水是清的，草是绿的，空气是香的！我终于拥有了属于我自己的六年级一班，莫名的兴奋让我无以言表。

六年级的孩子十二三岁，已经进入青春期的他们，做事有自己的主见，独立性比较强，个别的孩子也存在不服老师说教、莫名躁动、沉迷游戏、贪玩厌学、有较强的逆反心理等问题。这一切都在等着我去挑战。

开学第一天，班级发新书，新旧两样书摆在讲台上，让我犯了愁，其中《信息技术》有25本是新书，而其他都是发黄甚至掉页的旧书。我对大家说："有没有主动要旧书的同学？"班级里鸦雀无声。后来终于有一个小女孩慢慢地举起手来，说："老师我要旧书，把新的发给其他同学吧！"瞬间我被感动了，这个小女孩后来成了班长。在她的带领下，陆续有人举手，走上讲台，直到前面的同学达到25人，我宣布停止。于是我亲手将一本本新书发到了这些替别人着想的"雷锋"们手上，台下的同学顿时目瞪口呆、一头雾水！因为台上的同学心中有爱、心里有班级，因此新书应该发给他们。我们的六年级就从这里开始了！

在我们相处的日子里，时而笑声不断，时而大吼大叫，时而团结友爱，时而大打出手……班级里的每一个孩子都见证了彼此的成长与进步，而我也和他们共同进步！

下学期开学，我默默潜伏在班级QQ群里，发现了定时炸弹！我班大部分学生都玩手机游戏，甚至玩到后半夜。我以班主任的身份警告过学生们，远离游戏，健康上网，但效果并不明显。接着我又开展《别让游戏毁了你》的班会，在班里大声朗读网络走红文章《如果你想毁了他，就请给他一部手机吧！》，让学生从心底里认识到他现在的行为多么幼稚，他们是在用父母的血汗钱挥霍自己的青春！最后我采用生生监督法，让他们互相监督、互相举报，使他们克制了很多！我逐一用微信的形式与家长汇报孩子玩游戏的情况，让家长配合我监督孩子！一个月下来，效果显著，我真心希望他们改掉这个毛病，好好学习！

六年级的班主任很累，事情很多，很烦心，这都是免不了的，但是，当你走上讲台，看到那一双双求知的眼睛，当你看到你的学生在你的教育下有了很大的改变，当你被学生围着尽情地谈笑，当学生把你当成最贴心的朋友，当家长打来电话告诉你他的孩子变了时，那份快乐是从心里往外涌的，那份满足是无以言表的。这时，你会觉得付出再多，工作再苦再累，也是值得的。因为，我的生命有了新的价值！我因我的学生而骄傲！

真正成了一位老师之后，我才知道，那间教室放飞的不仅是希望，也有自己的向往；我才知道，那块黑板，擦去的不仅是功利，也有自己的心酸；也才知道，那根粉笔，画出的不仅是彩虹，也有自己的小愿望。我终于深深地体会到，那个讲台，举起的是别人，奉献的是自己。

班主任工作任重而道远，但我必须走下去。期待我的下一个十年……

图1　与学生的合影

我和“逗娃”们的第一次作文

王　楠

2018年3月，我终于有幸成为连山区钢屯小学一名新的英语老师，并按照领导的安排带了学校最高年部——六年级。六年级的宝贝们存在打闹、淘气等现象，更有着仗义的气息，故我将他们取名为“逗娃”。

开学初，课本第一单元，我们学的是“My story”——关于“我”成长的故事。六年级的“逗娃”们即将步入初中了，这个单元也算是对小学成长阶段的一个总结！

本单元恰好有一篇作文，要求介绍《My self》——我自己。我满怀欣喜，心想，通过这个作文，我可以进一步了解同学们的成长故事及他们从前的英语水平。得知了这个消息，有的老教师劝我：“别让孩子们写了，你会受打击，也会失去信心。孩子们恐怕也会因惧怕作文而讨厌你，不如给孩子们写个范文吧！”我感谢同事的好心提醒，带着尴尬的微笑低下了头，不解地想：“孩子们真的会讨厌我吗？我也只是想多了解一下他们现有的英语水平而已，我是想帮他们呀！”

下班打卡，我带着游离的心上了校车，恰好碰到了校长。我鼓起勇气对校长说出了自己迷茫的想法。校长却微笑着鼓励我说：“既然出发点是好的，不妨一试呀！”听了他的话，我心里美滋滋的，顿时觉得动力十足。于是第二天，我终于狠下心布置了让“逗娃”们写《Myself》作文的作业了。

已经学习了三课，我想孩子们一定可以完成得不错吧。然而，第二天上交作业的时候，真的是让我大跌眼镜。几乎所有的孩子都是把第一篇课文中的名字改成了自己的名字，又把课文抄了一遍而已。但是，我并没有生气，因为事先我已经非常明确自己的目的。所以当天再上课的时候，我反而是先表扬了他们按时完成了老师布置的作业，之后给同学们详细地讲解了应该从哪些方面入手介绍自己。

（1）要写清自己的姓名、年龄、身高、体重（参考Lesson 1）。

（2）要写清自己所在的班级。

（3）介绍自己的外貌（略写一、二句）。

（4）介绍自己的爱好（颜色、学科、运动、美食等）及原因。

（5）一句话做总结。

从孩子们的眼神中，我明显地看到有些孩子听明白了，因为他们的眼神是亮的，他们似乎也已经急于创作了。于是，我鼓励孩子们拿出真实的感受，放心大胆地去写，当然也可以写想让老师了解的其他方面。终于，孩子们于次日早上又上交了作文。我没有等到课代表收作业，就心急地跑到两个班级看作文了。果不其然，孩子们按照提纲的步骤写得比之前的文章明朗了许多。甚至有的“逗娃”还添加了介绍自己的家庭成员、想和我交朋友等句子，让我很感动。我想有的时候学生不是不想好好地完成作业，而是没有找到可行的方法和思路！

虽有进步，但仍有三分之一的学生抄袭了本单元的其他课文以及百度上的作文。其实我相信孩子们是想表现得更好，想拿出更好的作品给我，所以才会不自信。有的同学抄袭了长颈鹿的成长介绍，有的同学甚至把地震都搬上来了……我诧异地问他们：“孩子，你真的经历过地震吗？”孩子们都抿嘴偷笑起来！玩笑过后，我挑选了几篇写得好的作文和几篇语言相对朴实的作文，读给大家听，使他们懂得：原来老师要的是真实，原来作文并没有那么可怕。

写作完成后，我把几个经典的和朴实的作品在班级板报中展贴出来。我想提醒“逗娃”们今后对待写作的态度。看着展板，“逗娃”们和我都不约而同地点点头，笑了……

毛泽东曾说过：“世界上怕就怕‘认真’二字。”你若认真，困难就退了。大象很少去挣脱并不结实的锁链，不是力气不够，而是它从小象的时候就习惯了由这条链子锁着。有的时候真的需要和从前的自己较一下狠劲儿。同时，我告诉“逗娃”们：“在以后的英语学习中，大家要注意多积累，一定要养成多读的好习惯，以增加自己的语感。因为语言是读出来、写出来的，而不是背出来的。日后，王老师也不会写所谓的范文，因为你们的创作就是最好的范文。”

小学体育教学小故事

安永亮

【教学案例】

本学期，学校组织一堂课的测评，我的设想是结合所教年级的内容，安排《立定跳远》作为上课的内容。课上，我讲解、示范立定跳远的要领后，便让同学们自己进行练习。有一半同学还掌握不好，我便鸣哨集合准备给同学们再进行示范、强化，纠正同学们前一阶段的错误。谁知道这时一声尖叫——青蛙，整齐的队伍顿时乱了起来，更多的同学拥上前去围观。我见状走过去，只见一个男孩子趴在地上用手戳一只绿绿的青蛙。青蛙一蹦一跳，逗得同学们哈哈大笑。这不是班上最调皮捣蛋的李明石吗？（体育课上他就从来没有老实过）立定跳远自己一点没学会又来搞这名堂，我正要发作，却又忽然发现了什么，便顺势引导学生："同学们，谁能说说青蛙是怎样起跳的？"同学们睁大眼睛，都在认真观察。"青蛙起跳前双腿是弯曲的。"李鑫第一个兴奋地喊道。"很好，观察得真仔细。"我及时加以鼓励。"它起跳时后腿非常用力。"另一名同学答道。"非常好。再仔细观察一下青蛙起跳时，是哪部分用力的？"我又问。"前脚掌用力，而且它身体全部展开了。立定跳远的起跳和青蛙跳跃是一个道理。"学生们积极地模仿青蛙在跃跃欲试。他们积极性得到了提高，真是事半功倍啊！

脚左右分开，脚跟稍提，屈膝半蹲，上体稍前倾，头稍抬，前后自然摆臂，双脚轻落地。"同学们，想不想模仿青蛙的跳跃动作试一试呀？""想。"同学们齐声答道。同学们有的跟在青蛙后边，有的斜眼望着青蛙，模仿着青蛙的跳跃动作，认真、起劲地练了起来。由于他们领会了要领，很快就掌握了立定跳远的动作技术。同学们边练边笑，气氛十分活跃，越跳越有劲。小学生兴趣转移快，不一会他们就不再理会青蛙，而是在老师的引导下，互相比赛看谁跳得远了。

【案例评析】

课堂教学中的许多突发事件，只要加以合理引导和利用，就会是很好的课程资源。我就拾起了这份资源，实现了这种转变。这一案例自然、生动地反映了老师对课堂上突发事件的成功处理，充分体现了教师的教育智慧。面对课堂上突如其来的事件，我能控制住自己的情绪，平心静气地去面对，既维护了学生的自尊心，又避免了师生间的冲突，表现出了教师的良好修养。同时，教师能够因势利导，及时扭转不堪、尴尬的局面，把握了教学的主动权，并运用迁移规律，灵活、巧妙地将“青蛙事件”转化为“青蛙效应”，使其较好地为教学服务，变被动为主动，从而体现了较好的应变能力。

快乐的足球

李　松

偏远的地理环境让孩子们不知道足球是何物，偏远的地理环境让孩子们不知道怎样比赛踢球。阴差阳错，2015年3月，我校被定为“国家级足球特色学校”。怎样才能让孩子们更快地喜欢上足球呢？怎样才能让孩子们在足球中得到应有的锻炼和快乐呢？这些成了我研究的课题。

每个孩子的成长都需要有迈出第一步、战胜自我的勇气。静心思考，我根据学生的这种需求，充分发挥激励的作用，激发出学生学习的自信心，因为学生缺乏自信，就会表现出动作上的拘泥和心理上的胆怯。只有学生拥有了自信，才能把学习过程中的困难看得很平淡，知难而不退，也更能够帮助学生健康成长。

当我第一次带领队员参加连山区中小学生足球比赛时，虽然赛前我对全体队员进行了动员，但我还是从孩子们的眼中看到了紧张及对胜利的极大渴望。

为了给孩子们加油，我让所有队员的父母都作为啦啦队队员坐在了观众席上。比赛开始后，小队员们见球就踢，不管球传到哪里，也不管踢球的方向上有没有自己的队友，更不管前方是否是球门或者边界……

孩子们无论从技术水平到个人能力发挥，都是一塌糊涂，他们就像被笼子困住的鸟儿一样无法施展能力。我们的球队也很快落后一球，这更加重了孩子们的心理负担。

中场休息时，我发现孩子们一改平日里的活泼，个个垂头丧气，相互之间没有语言交流，仿佛已经输掉了后面的所有比赛。我让孩子们迅速地围在一起，想通过让他们互相交流释放压力。我着重问了几个孩子，让他们说出自己内心的真实感受。

“陈狄博，今天你怎么了？是不是‘小火箭’没燃料了，今天怎么没飞起来啊？”

“老师，我也不知道咋回事，脚就是沉，小腿肚子几乎感觉不到了。”

“孙家宝，你今天的跑动呢？制导传球呢？你整个上半场拿过几次球？你可是中场核心啊，你得动起来，你要是不动咱们队就像没有心脏一样，人没有心脏能行吗？你得带动整个球队运转起来。”

“老师，我有点害怕，感觉就像参加期末考试之前什么都没复习就上考场一样，脑子里乱乱的。”

“刘子琦，你是咱们队的守门员，最后一道防线，你在后面能看清全队在场上的表现，你说说你看到的。”

“老师，今天咱们队根本连平时训练的60%的水平都没发挥出来，大家都低头踢球，互相根本没有呼应。”

“好，大家自己也都看到了，你们没有拿出平时训练的水平。没关系，毕竟这是大家第一次走出来参加比赛，紧张是在所难免的，老师也不在乎这一场比赛的输赢，只要下半场大家表现得比上半场好，下场比赛比这场比赛表现好，一场比赛比一场比赛表现好就行，咱们不要理会别的球队，就和自身比。你们心里不要有压力，脑子里不要想太多，前锋不知道干什么就拿球往对方球场跑、往对方球门的方向踢就行；中场不知道干什么拿球就往前传，往穿红色球衣的方向传球，跑起来，就算你拿不到球，那你就把足球比赛变成长跑，在场上跑起来；后卫遇到对方逼抢的时候不知道怎么处理，你就往对方球场的天上踢，能踢多远踢多远，但要看好方向啊，别踢到自己门里去。”

我说完，孩子们都露出了笑容，也不再板着脸、噘着嘴，恢复了一些活泼的神态。

“都给我乐呵起来，这是我们第一次考试，一定要考好！回到场上，把球踢进对方球门，让他们看看咱们也不好惹！都明白了吗？”“明白了！”

后面的比赛，孩子们明显把包袱放下了，对于表现稍逊还没有调整过来的孩子，我没有马上将他们换下，因为，这么做能够保护孩子刚建立起来的脆弱的信心。我在场外不停地指导着，也许是“心有灵犀一点通”，孩子们竟然能够明白我的手势，听到我的声音。孩子们连续攻入了三个球，完成了反超，战胜了对手，比赛结束后他们围抱在一起回味刚才的进球和一次次精彩的配合，我知道他们勇敢地迈出了第一步。

学生在成长过程中敢于、勇于在陌生事物上迈出第一步，需要老师、家长一个善意的点头、一个赞许的微笑，这些都能帮助孩子适应陌生事物带来的心理压力，从而让学生感受到成功的喜悦，产生自信心，克服困难，迈好人生中的每一步。

对待特殊的孩子，应用特殊的方式

平文涛

多年的教育工作让我领悟到，做好班主任工作最重要的是细心，每一件事都应该从细节入手。“细节”一词，指细小的环节或情节。因其细小，人们常常不自觉地忽略它，或因时间、精力有限而顾不上它。在我看来，管理、细节和成功之间，存在某种必然的内在联系。正是在这样的理念支配下，我总是从细节做起，力争达到“随风潜入夜，润物细无声”的效果。

这不又快要上课了，刚刚走到教室门外，就听到教室里面传出乱哄哄的声音，莫非发生了什么意外？走进教室一看，几个人围在赵轩座位旁嚷嚷着，在他的座位下几本书非常凌乱地散落在地上，其中一本上面赫然一个鞋印，显然是被人踩过，赵轩正在大声地说：“谁给我弄得，快给我捡起来！”旁边的同学七嘴八舌地说：“王质恒弄的。”“还有孙天翔，刚才他俩闹着玩的时候弄到地下去的。”王质恒马上回应道：“不是我弄的，你看见了吗？不知道别瞎说。”赵轩见没人为他捡书，依旧在那大声嚷嚷：“敢做不敢当，算什么男子汉？”其他同学都笑着观看，感觉一场好戏马上就要开始了。这时，有的同学看见我进来了，马上回到座位上。说话声渐渐停下来，可赵轩依然站在自己的座位旁，一副很生气的样子。大家都不约而同地看着我，等待着看我如何处理这件事。而此刻我在想：该怎么办呢？赵轩是一个内向的男孩，如果让他自己捡起来，他一定觉得委屈，再说他本来就没有什么错呀！如果让我像法官那样断出到底是谁把书弄到地上的，既浪费时间也要费一些周折，真的有这个必要吗？不如糊涂一下。我马上做出了决定，慢慢地蹲下来，捡起了地上的一本书。教室里安静了，同学们似乎还不理解我的举动。就在我要捡第二本的时候，几双小手同时出现在我面前。“老师，我自己来吧！”赵轩马上弯下身来。“老师，我也来帮你！”……短短几秒钟的时间，刚才地上凌乱的书变成了桌上整齐摆放的书。此时此刻教室里异常安静，每个人似乎都在思索着什么。

我没有马上打扰他们。大约过了一分钟后，我问大家："刚才你们在想什么呀？"班长张雨萌首先站起来说："通过刚才这一件事，老师您的做法给了我一些触动。生活中我们应该多一些包容、理解和文明，有时弯下腰捡起同学掉在地下的书和教室里的纸片是我们小学生文明的标志，而不是代表懦弱。"这时候王质恒站起来说："书是我弄到地上去的，可我却没有勇气站出来，我以为可以逃避过去。现在我明白了犯错误不要紧，关键在于犯错误之后的态度，有了错误就要及时改正。""大家说得都很好，一件小事让你们有了这么多的感悟，这也是我万万没有想到的。我们31名同学能坐在一个教室里学习、生活就是一种缘分，我们要珍惜这仅剩半年的缘分。我们关起门来就像兄弟姐妹一样，但在我们的学习生活中，也难免有一些错误的想法，关键是我们如何处理。让我们都大气一些、包容一些，确实如张雨萌所说，有时弯下腰不代表懦弱，相反是文明的象征……"正如有人说："教师不是法官，不能把学生的每件事都拿来辨别是与非，那就让我们拥有一颗糊涂之心、尊重之心、包容之心，做一名播种者，把善良和宽厚、自信和希望播种在学生的心田中。"

春雨虽细，但正是那无数细细的雨点滋润着世间万物，换来姹紫嫣红的春天。老师教育学生就是除去影响他们成长的杂草，我们应该处处细心，只有这样我们才能正确地处理问题，才会真正验证一句话——细节决定成败。

这是发生在我们班的一个真实案例，看起来很普通，却足以体现"细节决定成败"这句话。师爱体现于教书育人的实践中，师爱犹如"润物细无声"的春雨，对学生的影响是潜移默化的。只要关心学生、爱护学生、理解学生并尊重学生，就会对学生产生意义深远的影响。古人云："尽小者大，积微者著。"作为教师，我们要敬重自己所从事的事业，热爱自己的工作，以恭敬之心履行自己的职责。陶行知先生说得好："捧着一颗心来，不带半根草去。"我有理由相信，只要付出，就会有收获；只要潜心实践，就会获得成功。

让“后进生”的小宇宙爆发

李　扬

“后进生”的成绩一直是任课教师的一大心病，这样一群人需要教师付出很大的心血。教育家苏霍姆林斯基曾感叹：“从我手里经过的学生成千上万，奇怪的是，留给我印象最深的并不是无可挑剔的模范生，而是别具特点、与众不同的孩子。”这里所说与众不同的孩子就是我们口里的“后进生”。

我们班里就有几个与众不同的孩子，他们是我的一大心病。考试后，你会看到他们卷纸上可怜的分数；当他们犯错误后，你会看到他们一副事不关己的样子；当你和他们家长沟通，你会听到家长那些无能为力的话语。这时你的心中五味杂陈，究竟要怎么办？虽然你每天都会用大把的时间去关注他们，但他们的问题却层出不穷，如某某同学桌子里的书全部掉到地上，他的座位下面一片狼藉；如你正在测试，他会时不时地回头瞟别人几眼。这时的你是气愤的、是无奈的，你会想尽办法去改变他们。这都是我以前的想法，现在的我已经改变了。我发现他们也是有亮光的，也是有小宇宙的。

我们班有个小女孩，她的成绩一直都不太好，测试词语、英语单词后，她都会低下头，怕我会看见她。而我深知她这一点，就会对她说：“雯雯啊，回家好好学学啊！”她总是微笑地点点头。我知道她一直在努力，所以我从不批评她。再来说说我们班另一位后进生，他是一个小男孩，他的乐感较差，经常在走步的时候跟不上音乐的节拍而打别人的手，但是他的手臂摆得很直，走得也很认真。他记忆能力差，学过的知识需要反复复习、巩固，才能记住。他的自尊心强，特别希望被老师和同学们肯定。就在去年，他的计算和词语都取得了不错的成绩，我知道这与他的付出和努力是分不开的。今年知识加深了，增加了“三位数除以一位数的笔算除法”，对他来说就更难了，我知道他自己下了很大的工夫，回家后他的妈妈也一直在教他，可他还是学得不够透彻。可就在昨天，这两个“后进生”的一幕让我很感动。小女孩的计算学得不错，她利用下课时间给这个小男孩讲计算题，她很有耐心，语气也很温柔，没有像有些孩子教人时的那种霸气，让人觉得特别容易亲近。就这样，我看着她一步一步地讲解，一直跟他在交流：你懂了吗？会了吗？那声音比任何一种声音都悦耳，比任何一首歌曲都动听。到最后，我听见那个男孩说："我会了！"那种充满自信的表情，让我觉得他是那么帅气。小女孩听后也会心地笑了。

两个"后进生"的一幕让我动容，由于以前我关注的点跟现在完全不同，导致结果大相径庭、差强人意。你的态度会让"后进生"对你退避三舍，其实，他们也是希望被肯定和被人理解的。什么是"后进生"？"后进生"的定义就是在品格上、学业上有一定缺失的学生。但我们对他们的关注大都放在了他们的学业上，我觉得这是非常不对的。通过这件事，我看到了他们身上有许多优秀的品质，那就是善良、可爱、乐于助人、愿意与别人分享，这都是值得被表扬、被肯定的。我以后一定要多鼓励像他们这样的"后进生"，让他们更有自信，让他们变得更加闪亮，把心中的小宇宙完全爆发出来！你们有跟我一样的看法吗？

“温严”并用带领每一名学生前进

李茹丽

转眼间踏上教育生涯已经第十三年了，在这些年里，学生带给我无限的欢乐，我热爱他们、感谢他们，是他们的快乐与真挚、问题与好奇、成长与进步，让我体验到了教师的魅力和工作的快乐！其间我与他们一同成长，是他们帮助我在工作中渐渐地成熟起来。

班主任工作，有苦有乐。苦的是事务繁杂，需要多方面的能力，需要威风八面却又常常心有余力不足；乐的是有更多的机会与孩子、家长交流，能常常看到孩子的笑脸和进步，也得到了最好的回报。有时出乎意料的小插曲也让人忍俊不禁，其中的惊喜更是可遇而不可求的。

今年我面对的是一年级学生，他们“年幼无知”，一切行为规范、课堂常规、学习习惯都要慢慢地教、一步一步地学，需要老师付出极大的耐心。为了完成教学任务，树立威信，维持良好的课堂纪律，开学伊始，我总是板着脸上课，课堂上只要有一个孩子说话或搞小动作，都会受到我的严厉批评。经过几个月的时间，我是能够控制课堂纪律了，大部分学生的学习成绩也有所提高，但是他们很少课后黏着我“说三道四”，我多少有些失落感。怎样才能让学生既听话又不怕我呢？我开始思考。

和一些调皮孩子的家长聊过后得知，孩子对批评已经习以为常，越是骂他们越没有改进的迹象。我是了解低年级学生的心理特点的，他们爱听表扬，喜欢被关注，于是这个学期我想“温严”并用，多表扬、多鼓励，但绝不放纵。

现在，在课堂上我会对影响课堂纪律的孩子说：“×××，我相信你能做到，能做得更好。”刚开始效果甚微，但我坚信，在以后的课堂上，我坚持鼓励他们，并设立一些奖励机制，久而久之，孩子们一定能够很快变得专注起来。我也相信孩子们都知道严厉的批评并不是不爱他们，而是希望他们能够更好。

多年的教学经验使我体会到：教师要做到善于观察、勤于思考，注意发现学生身上闪光的品质，心中隐秘的活动，脸上流露的神情，生活中出现的异常行为，这一切即使刚刚露出端倪，也能成为教师捕捉的对象。或是因势利导，或是防微杜渐，用自己创造性的劳动来影响、教育学生，带领每一名学生前进。

“细”教让他们健康成长

李小妹

在我的生活中，每天都和可爱的孩子们在一起，脑海里塞满了和他们的故事。闲暇时采撷一个、两个……倍感温馨。

我刚刚参加工作时，我们班班长是学生心目中的好学生。因为他的学习成绩优秀，人也老实，同学们都很羡慕他。裴勇同学成绩一般，还经常不写作业、打架，同学们都讥讽他，但是他热爱劳动。我对他也是用尽了办法，还是没能彻底改变他。没想到通过一次班会却改变了他。

教师节来临了，那年是在学校礼堂举行庆祝活动。我们班为教师们表演的小品，给老师们带去了欢乐。参加演出的学生很兴奋，由于班级距离礼堂有一段距离，需要几名学生抬道具——一块2 m^2的宣传板。演出结束后，需要他们再将其抬回班级。我迟迟看不到他们的身影。最后只看见裴勇同学一个人气喘吁吁地拽着道具出现了。我向裴勇了解情况。原来庆祝活动结束已经是中午了，他们四个人中的一个人回家吃饭去了，另一个看他走后也走了，剩下班长和裴勇两个人，班长让裴勇一个人把宣传板拿回班级。

“叶底花开人不见，一双蝴蝶已先知。”这两句说的是看花，但发现人心的苗头何尝不是如此呢！

虽然这不是一件大事，但是我认为这种苗头不好。第二天，我利用班会时间开了一个以“说说发生在你周围的小事情”为主题的班会，要求如果不好意思说出来的就可以写出来。学生纷纷说出了平时不写作业、抄写作业的事，上课说话搞小动作的事，打架骂人的事，随意丢垃圾的事……

班长很不自在地听着，最后他终于站起来了，讲了发生在昨天的抬演出道具中途回家的事情。他认识到了自己所犯的错误——不应该让裴勇一个人将宣传板拿回来，因着自己的自私，没起到班长的带头作用，还向裴勇道歉。他也说因为没有制止其他两名学生先走，集体观念也很淡薄。

先回家的两名同学认识到自己的错误后也做了深刻的自我批评，接着，我就以“以小见大”为题做了总结：同学们，我们来到学校不仅要学习知识，更要学会做人。遇到困难时不应该先想到自己，而要先人后己。让我们在今后的学习中知错就改，做一个对社会有用的人吧！同学们向裴勇投去了敬佩的目光，送给他热烈的掌声，裴勇的脸红了……

这次班会后同学们都有所变化，班长更加严格要求自己了，还能说到做到，起带头作用。裴勇的变化更大了，他上课不搞小动作了，也能认真写作业了。班级的纪律也是越来越好，虽然每天都有“细微”的琐事发生，但是我都是引导他们自己解决，收到了良好的效果。

如今，在平凡的生活里，依然每天在发生着这样的故事。为了这些精彩的故事，我将倾注我全部的爱心。

爱在你我之间

殷 慧

2008年，刚刚脱离学生身份的我，就参加工作成了一名人民教师。光阴荏苒，岁月匆匆，转眼间，我已经在这个岗位上工作了十年。参加工作以来，我始终怀着一腔热情，用自己所具备的知识、智慧和孩子们一同成长，孩子们因为有我的陪伴而快乐，我因为有了他们而倍感幸福，在享受这些快乐和幸福的同时，我对教师这个职业也有了更深的感悟：爱是教育的魂，没有爱，教育就不够完美；过去虽然已成为往事，但沉淀下来的却都是些难忘的回忆。因为爱，所以才变得难忘；爱体现在老师的一言一行中，体现在我和孩子们的故事里。

爱是给予，能让孩子们感受到春天般的温暖，哪怕是在寒冷的冬日，依然能感受到阳光般的照耀。在我们班有几个孩子父母离异，他们大多数都是和年迈的爷爷、奶奶一起生活，由于情况特殊，他们学习成绩也不好，对此，我总是特殊地关照他们，课间休息的时候我都会把他们叫到身边帮他们辅导功课，生活上也会尽量去帮助他们。那是冬季里的一天，我们班李金姚穿着一件破了很长一道口子的马甲走进教室，我问她这衣服破成这样怎么没缝一缝啊。孩子哭了，说道："奶奶生病了，我没给奶奶找麻烦。"多懂事的孩子啊，我把单位备用的棉袄给孩子穿上，然后从学校值班的嫂子那里借来针和线，将孩子的衣服缝好了。经过这件事，我和孩子们的感情更深啦。

爱是相互的，在我付出爱的同时，也得到了孩子们的爱。

那是我刚刚到老爷庙，在领导的安排下，我接手了三年级的班主任工作。初次与孩子们见面，我很紧张，但看见孩子们一张张可爱的笑脸和期待的眼神，我笑了，心想：以后我就要和他们共同学习、共同进步啦，我要在这里发挥自己的光和热。在相处的这几年里，我们师生关系非常融洽，孩子们学习也很刻苦，面对我的批评教育，孩子们都能虚心接受并改正。更令我难忘的是，孩子们通过努力所换来的累累硕果，为班级、为学校、为我赢得了荣誉，是孩子们为我的教育事业增添了光彩。仍然记得那一年的雨季，我正在办公室和其他老师讨论一道题，这时天空下起了雨，浓密的雨滴逐渐变大。当上课铃声响起时，我起身回教室，这时我发现不远处孩子们正在用砖头、石头铺一条小路，我走近孩子们，问他们在干什么。孩子们昂起被雨淋湿的笑脸七嘴八舌地对我说："老师，我们正在为您铺一条小路，下雨了，操场太泥泞了不好走，有了这条小路，您走路就方便多啦。"听了孩子们的一番话，我的眼睛湿润了，泪水掺杂着雨水模糊了我的眼睛，其他老师看到眼前的一幕也都感动了，连连称赞孩子们。这时，雨更大了，我拉起孩子们的小手向班级跑去。虽然时隔多年，这一幕却总是在我的脑海里挥之不去。

我们都知道，孩子是祖国的未来，是未来的希望，所以，我深感班主任工作的责任重大，这也要求我们用爱去对待孩子。只要捧着一颗真诚的心，真心对待每一名学生，用心去关爱他们，那么，我们就会从中收获点滴滋味、点滴快乐、点滴幸福和点滴爱。有的人说教育事业很枯燥，但我认为当一位老师把爱融入教育事业中，在爱的滋润下，教育事业就会扎根、就会发芽、就会结出满树的果实。我付出了爱，同时我也得到了孩子们的爱，爱在我们之间传递着。谢谢孩子们，让我感受到了一名班主任的幸福，让我在教育事业上不断成长。"落红不是无情物，化作春泥更护花。"因为有爱，教育才会如此美丽。

教育，爱在朝夕

——一次美丽的误会

郭紫薇

枯了一冬的树枝已悄然挂绿，明媚的阳光愈发地刺眼，又是一年春盛景，更待花开满心田。我与孩子们于初春相遇在教育生涯中，历经三秋，如今又共盼春来，回忆我们共同经历的点点滴滴，突然想说：“缘来是你们！”

从磕磕巴巴地喊着陌生的名字到熟悉地认准每一张小脸，一切是那么顺其自然，我知道你们的名字将在我心中深深刻印，这就是我们最初的羁绊。那年五月，我们第一次奔跑，吵吵闹闹中我们并没有得到理想的成绩，但是笑容依然；那年六月，我们第一次庆“六一”，摇摇摆摆时我们收获了果实，犹记当时的灿烂；那年七月，我们第一次期末考，忙忙碌碌中我们创造了进步，品尝了过程的辛酸；那年九月，我们第一次迎来开学季，心心念念后我们生涩地再会，脸红当时的羞涩……我们的故事那么多，也那么美。

记得那是个平凡的周二，孩子们朗朗的读书声划破了寂静一晚的班级，外国诗的每一个字符敲打着我的耳膜。走廊里，周主任的身影停驻在我们班级门口：“紫薇，你班里的绿萝都被人薅坏了，中间的土都稀了，用格尺把周围的土往中间填一填吧！”“哎哟，还真是，这绿萝根都露出来了！”我转身走进教室，眼睛锁定在一个短头发的女孩儿身上：“张议文，格尺拿来借老师用一下。”张议文笑眯眯地快步走过来，手里攥着一把格尺，静静地站在我身边。我并没有再说什么，只是把左手摊开在她的面前，示意她将格尺放在我手中。就在我等待一把格尺入手的时候，一只有温度的小胖手抓住了我的手，我惊讶地低下了头。只见张议文并没有看着我，她乖巧地抓着我的手，眼睛一直看着前方，仿佛在等待着去哪儿。一时间我们谁也没有下一步的动作，我牵着她，她牵着我，就像姐姐要拉着自己的小妹妹出去玩儿一样。我们俩保持着这个动作，班级里的孩子们也陆续投来了惊讶的目光，大家怔怔地看着我们俩，我们俩也怔怔地看着大家……突然，我扑哧一声笑了出来，大家也跟着笑了起来，我低下头看着正抬头看我的小女孩儿，她的脸上早已绽开了笑容。早晨还有些惺忪的气氛顿时就被这灿烂的笑容一扫而光，我们谁也没说什么，就这样笑着。“哈，我要格尺，你拉我手干什么？”我忍住笑意，开玩笑地对着张议文说：“大早晨你拉我的手，你想干什么去呀？”张议文不好意思地笑了，我们松开了彼此的手，一场美丽的误会在明朗的笑声中落幕了。我们转身走出班级，一起给绿萝花盆填了土，身后又响起了熟悉的读书声。

回想起这次“牵手”，那该是一种怎样熟识的关系，才能让一个十岁的孩子没有一丝尴尬地牵住你的手，就好像这只手她已经牵过无数次一样。回想我与这群孩子们的初次相见，仿佛已经是很久远的事了，现在的我们不是亲人但胜似亲人，我的喜怒哀乐牵动着他们的心，他们的喜怒哀乐也感染着我的情。几载春秋的朝夕相处，这种妙不可言的关系是一丝丝浸润在岁月里，一点点沉淀在人心中的。这次美丽的误会让我明白，教育不仅是在批评与表扬、知识与测验里，它也一直在我们生活中点点滴滴的爱与感动中。

看着这样一群可爱的精灵，我只叹白日苦短，与孩子们羁绊太浅，每次挥手校门去，总盼黑夜匆匆，明日再聚！纵有气急，或是惋惜，无论今夕何夕，终是满面笑意，对面不语，却懂心间种种，话里云云！人生不易，时间瞬移；缘深缘浅，重珍藏惜；不求桃李，唯愿莫遗；盼此情谊，忆在朝夕！

教育，就是在下一个路口等你！

贾杰清

“在下一个路口等你。”第一次听到这句话的时候，我的内心顷刻被感动了。试想一下，不管多远，不管多久，你的前方总有人在等你。于是，你会感觉前进的路途不再黑暗、不再孤独。于是，你会面带微笑，快乐地朝下一个路口奔去。再试想一下，如果一位老师对他的学生说“我在下一个路口等你”，那么，他的学生一定是快乐的，传递快乐的老师也一定是最快乐的人！下一个路口，可以是下一节课，下一次活动；也可以是下一次努力，下一次拼搏；还可以是人生的下一个目标，下一个转折点。这里面含义深刻，但不管哪种含义都包含了一种深深的、默默的期许。就是这种期许培养了孩子们崇高的品质，让他们的心灵多了一次放飞的机会；就是这种期许，营造了孩子们健康成长的空间，让他们的童年多了一份快乐；就是这种期许，激发了孩子们阅读的兴趣，让他们的明天多了一丝灿烂的希望；也就是这种期许，让我变得更加理智地去思考该如何教育好一届又一届的孩子们，引领他们到达一个个“驿站”。

一天，我站在讲台上，等待着孩子们回来上课，一低头看见教室门口有一个纸团。这时候，孩子们陆续地回来了，他们一个个轻巧地从那个纸团上迈过，有的孩子的脚甚至踩在纸团上了，但他们好像没看见一样。我扫视了一下座位上的孩子们，然后又紧盯着那团纸，孩子们很是纳闷，互相看了看，继续背着古诗。我又扫视了一下孩子们，然后又盯着那团纸，终于，有的孩子明白了，马上从座位上跑了出来，把它捡了起来。我示意他们回去，心想我看看谁能主动捡起来。我说：“别动，我们把这个机会留给还没有进教室的同学。”大家若无其事地坐下等待着，有两个孩子笑呵呵地走进了教室，看到我之后迅速地回位了，莫名其妙地东张西望着，又有两个孩子一前一后地从那个纸团上跨过去了，孩子们的心揪紧了，恨不得一下子飞过去把它捡起来，有的孩子还发出了轻轻的叹息声。他们一次次地把希望寄托在下一个人身上，可又一次次地失望，眼睁睁地看着他们从纸团上一迈而过，进来了一个又一个，孩子们的心灵在进行着一次次荡涤。就在孩子们绝望的时候，牛晨光同学进来了，本来他已经从纸团上迈了过去，可好像又发现了什么，回过身，很自然地捡起了那个纸团。全班同学一起为他的行为欢呼起来，有的同学甚至大声喊了出来："牛晨光，你真棒！"教室里响起了热烈而又持久的掌声。

多好的一个教育契机，我没有着急上课，让孩子们交流自己的所见所感，从他们的交流中，我听到了孩子们的羞愧、庆幸与自豪，也看到了这件事给他们带来的震撼。交流结束后，我语重心长地说："孩子们，心中有集体，心中有他人，不在乎我们有多么轰轰烈烈的行为，只在乎捡起一团废纸，我们能做到，是吗？不知道大家注意过没有，每次同学们吐了，第一个跑出座位，收拾脏物的是谁呢？对，就是可爱的晨光同学。其实这些老师也早记在心里了。我相信，这个有爱心的孩子，一定会更有信心，在今后的学习上更加努力，取得更大的进步！让我们再一次把最热烈的掌声送给他。"这经久不息的掌声，让这个学习较差的牛晨光坐得更直了，并带着满脸的兴奋与骄傲。这时，王启家同学站了起来，说："老师，我愿意和牛晨光同桌，我来帮助他学习。"教室里又响起了雷鸣般的掌声。从那以后，牛晨光的作业不用我操心了，王启家就像一个专职的老师，天天陪着他，利用课余时间给他讲题、出题、考生字。在期末考试中，牛晨光三科成绩都超过了90分，真是可喜可贺！也是从那以后，班级里因为一个纸团扔来扔去的现象不见了，看见脏物主动捡起的孩子多了，教室里的卫生也比以前好了许多。

真没想到，教室门口的这个纸团，成了我宝贵的教育资源。用无声的教育在等待着下一个孩子捡起纸团的同时，孩子们的内心一定也在自责：为什么我没有弯下腰把这个纸团捡起来呢？这样的质问远远胜于老师声嘶力竭地高喊："孩子们，我们要保持环境卫生，做到'我不丢，我去捡'。"

虽然那节课我没有完成教学任务，但我们收获了无价的精神财富。从孩子们的一系列变化中，我更深刻地体会到，作为一名班主任老师，我们一定要有敏锐的眼睛，善于发现；一定要有睿智的大脑，善于思考；一定要有勤快的嘴，善于鼓励。一句话，就是要求我们老师善于敏锐地识别教育契机，及时抓住并加以利用，让孩子们在日常生活中获得良好的道德修养。

有位教育家说过这样一句话："教育要走进孩子们的心灵。"走进心灵的教育才会引起孩子们心灵深处的强烈共鸣。对于小学生来说，要培养其良好的行为习惯光靠枯燥的正面引导说教，效果是不可能理想的，即使他们把这些守则和规范背得滚瓜烂熟，他们该怎样出问题还会怎么出问题。而生动有趣的活动将在儿童的大脑中留下深刻的印象，特别是他们乐意接受的东西，他们就会记得住、记得牢。苏霍姆林斯基说：“把教育意图隐藏起来，是教育艺术十分重要的因素之一。”因此，在工作中，我始终坚持活动育人的原则，尽量科学地开展丰富多彩的活动。

去年九月份，新学期伊始，孩子们缺乏学习热情，特别贪玩，有的孩子产生了严重的厌学情绪。为了改变这一现状，我给孩子们布置了一个实践作业：画出自己的未来，题目就是“二十年后的我”。第二天，我抽出了一节课的时间，让孩子们把自己的作品放在大屏幕上，讲述二十年后的自己。孩子们争先恐后地上台展示，他们的讲述令我惊叹。许云琪说：“二十年后，我是一个植物学家。你们看，我培养出了一种能产石油的植物，春天种，秋天收，石油取之不尽，用之不竭。”包颢语说：“你们看，二十年后的我是一名具有高科技水平的军人，我驾驶着一种新型战斗机，甚至在你的头顶飞过你都不会感觉到。”裴聪颖说：“二十年后，我是一名国际服装设计师，我设计的服装可以净化空气，让人们远离雾霾的困扰……”孩子们一个接一个地讲述着，从他们的脸上我读出了自信与骄傲。我说：“孩子们，二十年后，你们这些科学家、军事家、艺术家、设计师相聚，那会是怎样一个场景呢？老师真的好期待呀！为了那一辉煌的时刻，我们现在应该怎么办呢？”孩子们争着、抢着说自己的打算。最后，我说：“孩子们，请你们记住这样一段话：‘兴趣是最好的老师，勤奋是最佳的方法，自信创造奇迹，拼搏成就梦想！’”这一简单的活动，不仅使孩子们很快投入到了新学期的学习生活中，也使他们树立了攀登科学高峰的志向！

俗话说：百善孝为先。羊有跪乳之义，鸟有反哺之恩，尊重长辈、孝敬父母是中华民族的传统美德。可是现在的孩子多数是在溺爱和娇惯中成长的，常“以自我为中心”。对孩子们孝心的培养不容忽视。所以，每年中央电视台播放《最美孝心少年颁奖晚会》时，我都发信息号召家长和孩子一起观看。一二年级时我让他们说自己看后有什么感受。三年级了，我便开始让他们写观后感。一篇篇观后感虽然文字不多，但句句都是孩子们的肺腑之言。我记得杨雅心这样写道：“‘最美孝心少年’的孩子们可真了不起，跟他们比，我真的好惭愧，我不但不帮妈妈做家务，有时还把家里搞得乱七八糟，害得妈妈经常打扫卫生而腰酸背痛。有时我还会跟妈妈顶嘴，以后我一定改正，做一个孝顺父母、尊敬长辈的好孩子。”据家长们反映，孩子们观看节目后，自己的事能自己做了，能主动做家务了，在公交车上也能给有需要的人让座了……孩子们懂事了，家长们特别高兴，有的家长给我写信，有的家长发微信告诉我孩子的变化。大家一致认为在“最美孝心少年”的身上，看到了中华孝道的回归，看到了民族振兴的希望。“最美孝心少年”的孝心故事，让我们感动、感慨、感悟，这一活动我会坚持下去，我深信，在“最美孝心少年”的影响下，我们的孩子一定会更加深刻地领悟到亲情的温暖，生命的坚强；一定会自强不息，阳光向上；一定会践行孝道，让孝心在下一个路口开花绽放！

写一手好字，不仅是一个人的门面，还能促进人养成细致、专注、沉着、持久的学习品质。正如郭沫若先生说过的：“要把字写得合乎规格、比较端正、干净、容易认。养成这样的习惯有好处，能够使人细心，集中注意力，善于体贴人。草草了事、粗枝大叶、独断独行是容易误事的。写字可以逐渐消除这些毛病。”所以，二十多年来，无论教哪个年级，我都把写字放在首位，抓实抓好。教他们正确的写字姿势，引导他们学会观察字的间架结构及其在田字格中的位置，为他们示范。任教一年级的时候，孩子们作业本上的第一个字都是我写的，我还经常和孩子们一起写字。在我的引领和坚持下，孩子们的字都写得越来越漂亮。他们每学期都会主动地让家长给自己买字帖练字。每当看到这些时，我都感到很欣慰。另外每年的学期末，我都要举行书法比赛，这是二十三年来从不间断的历程。通过比赛活动，高效地激发了孩子们写好字的兴趣，为孩子的终身发展奠定了坚实的基础。

在班级举行的活动中，最让我难忘和感动的还是今年的联欢会。与其说是联欢会，不如说是年终感恩大会。因为期末复习，孩子们没有准备节目，所以我让孩子们边吃边聊，说说这一年在学校里你最想感恩的人是谁，为什么感恩他，怎么感恩他，你想怎么做，等等。孩子们一个个讲述着自己的故事，感恩曾经帮助过自己的人。聊天声、笑声、掌声，还有那品尝美味的声音交织在一起，教室里的气氛一浪高过一浪。这时，比较内向的杨紫望同学站了起来，他说：“我最感恩的人是陈震同学，因为在我爸爸得了尿毒症住院的时候，我根本不想学习了，是陈震对我说：‘你一定要好好学习，只有你表现好了，你爸爸才会心情好，病也就会好。’”说着说着，杨紫望哭了，他把手里的薯片放在了陈震的手里，这下教室里热闹起来了，有送吃的，有送卡片的，有送感谢信的……爱在我和孩子、在孩子和孩子之间传递着。“陈震那儿好吃的太多了！他怎么帮助了那么多人啊？”不知是谁喊了一声，教室里顿时安静下来，孩子们把羡慕的目光一齐投向了陈震，让这个小男子汉的脸涨得通红。他站起来说："谢谢大家，我以后还会帮助更多的人，我也要感恩帮助过我的人！"说着便把好吃的分给了其他同学，也把一块蛋糕恭恭敬敬地递给了我，说："老师，您辛苦了！""对，老师，您辛苦了！"好多孩子都一窝蜂似的跑了过来，顿时一股暖流涌遍我的全身，这不是普通的一块蛋糕、一块糖、一块巧克力，这分明是孩子们一颗颗关爱的心呀！我激动得什么也没说，只是紧紧地、紧紧地搂着孩子们，眼睛里闪着泪花。那一刻，我觉得我是最幸福的人！此情此景，再美的语言都显得苍白无力。这是一个人与人心灵碰撞的瞬间，这是一个令人感动的瞬间，这是一个令人难忘的瞬间，更是一个永恒的瞬间！学会感恩，学会分享，这种教育，已在孩子们心中根深蒂固了！

在一次次的活动中，孩子们明确了自己努力的方向，真实地感受到了自己的责任，体验到了成功的快乐！我一直认为，一次次切合实际的活动远远胜过上百次的说服教育，所以我对于学校举行的各项活动更是重视。每次比赛前，我都给孩子们讲清比赛的目的，向孩子们渗透比赛最重要的是参与的过程，而不是结果。活动结束后，我都会和孩子们一起分析成功或失败的原因，让他们逐步建立起认清自己优势和劣势的意识，在今后的人生之路上学会扬长补短，懂得"知己知彼，百战不殆"的道理。在众多比赛中，最令我们全班难忘的就是跳长绳比赛，十九个孩子在三分钟内没有一次失误，竟然跳了354个！354，这不是一个普通的数字，这是激情与速度的挑战，这是耐力与信心的考验，这是团结与和谐的象征！有了这样的经历与体验，还愁班级没有凝聚力和向心力吗？

生活的世界是自然的，面向生活的德育课程需要设计，需要我们精心设计，在活动中让孩子们自然而然地形成一种品德、一种规范，让他们快乐地成长。教育无痕，是我们追求的一种最高的教育境界！

做一片绿叶

周立新

岁月的年轮又一次轮回，我们又开始重复着平凡而琐碎的工作。在平凡的工作中做着平凡的事情，就这样年复一年、日复一日地在教育生涯中追寻着。既有成功的喜悦，也有失败的沮丧，但是更多的是装满收获的欣慰。

一、让爱潜移默化地流淌进每位学生的心田

只有了解学生，你的爱才会有的放矢，有了空间，才会有爱的停留。

要关心、爱护和尊重学生，把学生的行为和思想当作有意义的事情来关心，尊重学生的人格和喜好，关心学生的点滴进步与成长。因为我知道，如果一名班主任总是用自己的思维来替代学生的行动，忽视学生这个“弱势群体”的所作所为，采取限制和扼杀的方式，就会局限或束缚学生的发展空间。所以，班主任要善于倾听和理解学生，与学生充分沟通，以多元化的视角看待和解读每位学生。

记得刚接六年级时，开学的第一天，我面对这些陌生的面孔，说了这样的话：“在这一年我将和你们共同完成六年级的教学任务，我们是一个集体、一个大家庭，老师不知道你们的过去是怎样的，但现在在老师的眼里你们都是懂事的好孩子，都是平等的，都是老师的希望。老师不看过去，只看现在和将来，上课我们是师生关系，下课我们是最好的朋友。那么你们该怎样度过这小学的最后一年呢？”这时学生互相看了看，虽然没有说话，但我想他们的内心都有了一个新的打算。我之所以这样说，就是想扫清那些差生、顽皮生的心理障碍，让他们感受到新班主任是公平、公正、可以信赖的。这个班有一个在学校内部出了名的差生。刚接班时，有的老师和领导和我反映这个学生——捣乱、顽皮、不爱学习、欺负弱者、经常和学生打架，我对这个学生有了些了解。所以，第一天进行大扫除，我就让这名男同学带几名男生负责卫生区除草任务，我说：“老师相信你一定会把任务很好地完成的。你认为打扫干净了就

回来。”就这样，没用老师看管，他们就干净利落地打扫完了。第二天，这名差生主动找到我说：“老师，咱们班还没人负责定盒饭。”我说：“那就由你来负责怎样？”他高兴地答应了。一个星期过去了，他不但乐于干而且干得非常好，学生都很信服他，也很支持他。他的改变，使得整个班级的气氛也变得越来越好。一位主任到我班说了一句话让我至今难忘。他和学生们说，你们班用一个词来形容最恰当不过了。是什么？学生问。主任说，“脱胎换骨”，你们变了。听到主任的这句话，我对这个班更加充满了信心和希望。精诚所至，金石为开。对待学生和蔼可亲，不带半点虚情假意，衷心地接受每一名学生，让学生感受到教师是值得尊敬和信赖的。

二、让爱营造温馨的班级大家庭

在班级管理中，我努力将班集体“普通的友爱”倾注给后进生，给他们更多的关注、更多的投入。在班集体中我精心营造一种平等、和谐、友爱的气氛，让他们体会集体的温暖和同学间的友谊，让他们感受到自己在班级中有一席之地。大胆吸收这些后进生参与班级管理，让他们在管理中克服自身不良的行为习惯。就说我班一位外校来的练体育的男生，他学习差，语数平均分在40分左右，性格比较孤僻，不愿意和同学说话。对于这样的学生，我并没有把他看成局外人，而是给他更多的关注，上课多提问，下课多辅导；还让他帮助另外一名学生，一起给同学定盒饭；班级的花归他管理，每天都要给花浇水；有一点点的进步我就会鼓励他、表扬他，让他感受到自己的价值，因此他学习更加努力了，性格变得开朗了，也更加懂事了。在期末毕业考试中，他取得了数学62分、语文90分的好成绩。

班级管理几乎都由班干部负责，我“垂帘听政”。正是有了一个好的班干部机构，班级的纪律才受到领导老师的好评。老师在与不在班级一个样，学生们都能自觉地约束自己的行为，班风正、学风浓，师生的感情更加浓厚了。记得毕业考试的前一天中午，我正在讲桌前坐着看书，突然，学生们刷地一下都站起来，齐声说：“老师辛苦了。”我正在发愣，这时3名学生手里捧着一个大蛋糕走进来，学生们都笑了。他们把蛋糕送到我的桌子上，我说这是谁买的，你们哪来的钱啊。学生们说是自愿集资的，有出一元的、有出两元的，这时我的眼睛湿润了，我没有想到学生会这样做。他们的举动无不说明他们长大了，懂事了，知道了老师和父母的辛劳，知道了感恩，我高兴地和孩子们分享了这个意义不同的蛋糕。正是因为这个集体充满民主、平等、和谐，班级的各个方面才取得了好的成绩，被评为“市、区三好班级”，我也被评为“市、区优秀班主任”称号等。班级的成绩也快速得到提高，在期末统考中取得了优异成绩。

辛勤的耕耘换来了满满的收获，辛勤的汗水浇灌了满园的芬芳。诗人泰戈尔说：“果实的事业是珍贵的，花的事业是甜美的；但让我做叶的事业吧，叶是谦逊地、专心地垂着绿荫的。”教育事业就是叶的事业，我愿做一片绿叶，孕育着祖国的花朵，我会把我的智慧、我的一生都献给我的孩子们。

聆听孩子眼中的美

董　慧

不知从什么年纪开始，我忽然很喜欢跟孩子沟通。他们天真的微笑、清澈的眼神以及对我毫无保留的信任，让我爱上了美术老师这个职业。曾经有人说，绘画是人的天性。远古时期，人类还不会用语言沟通，就靠绘画来表达自己的感情，而文字也是由绘画逐渐演变而来的。可见，绘画就是孩子的语言，想了解孩子就要从他们的语言开始。我的职业生涯也由此拉开了序幕。

生活中，很多事情都有对与错、是与非，而在绘画天地里的孩子是无对错的。在孩子不善于表达的年纪里，画笔成了他们最好的语言，我们应该做最好的聆听者。每个年龄阶段的孩子对于绘画的表达状况都不一样，大致分为乐于表达、羞于表达和不会表达三种类型。现代的美术除了传授孩子绘画技能外，更多的是让孩子通过绘画大胆地抒发自身情感。我刚来钢屯镇时，孩子们连三原色、三间色这样最基本的美术知识都了解得马马虎虎。我觉得孩子们应该知道，学习美术不只是画画，美术课其实有更广阔的天地在等待着他们去探索。

一年级的孩子对美术课其实是最热情的，他们想法很多，但表达起来却有些困难，他们常常觉得自己画得不好或者不会画。因为以前的绘画形式都是教师在前面画，他们在后面照着画；现在让他们自主地画，他们却时常会觉得自己想画的和看到的不一样。这时，我会鼓励他们尽自己最大的努力画，即使画不好，还可以讲明白。这时我们就应该认真地听他们讲解。有的孩子会羞于讲解图画，然而只要勇敢地讲出画的内容，我们就可以一点点地引导他们习惯表达自己的想法。例如，一年级上《太阳和月亮》这一课时，孩子们都会把太阳和月亮画得很好。这节课的主要目的是提高孩子们的想象能力和语言表达能力，能画出来并且大胆地讲出自己的故事才是重点。低年级学生作画，我们不要求他们画得有多好、有多像，哪怕别人看不懂也没关系。我们要听他们讲

“画”。刚来这个学校时，我甚至用一节课的时间进行自评—互评—教师评这个环节。我认为无论是家长还是老师都应该尊重孩子的感受，聆听他们的语言，即使他们的语言有些不完整也不应该被打断。

有时我还会遇到孩子说不会画的情况，其实这是他们不自信和对自己要求过高的表现。我认为现代的美术教学在于引导他们抓住特点，不要求画得像，而是要鼓励他们勇敢地表达创作，接下来的评画便是鼓励他们的最好时机。我们可以从孩子的绘画中抓住闪光点加以鼓励，也可以运用积极的语言说出不足。例如，构图上的问题？可以这么说：“我们画得这么好，应该让更多的人看清楚对吧？那么怎样才能更清楚呢？”这时孩子会回答：“画大点呗！”我们马上接着说：“孩子，你真棒，这么快就想到了！”这样从小培养他们对美术的兴趣，让他们懂得用美术的语言表达自己的画和评价他人的画，从中得到乐趣与知识。

美术课是义务教育的必修课，身为美术教师的我清楚地知道我们的责任在于培养孩子的审美能力、创造能力和欣赏评述能力，而这些能力的培养基础又在于让孩子热爱美术，并且有信心去创作和表达。让孩子们热爱美术，聆听是关键，而如何聆听是我一生都应该认真研究的课题。

倾听“花朵”的心声

张　雯

今天的语文课，我在黑板上写了一个问题：“你喜欢什么样的老师？”于是，我以此为话题上了一节口语交际课。学生们看到这个问题后很兴奋，经过思考后，他们七嘴八舌地讨论着。

“我喜欢温柔的老师。”

“我喜欢漂亮的老师。”

“我喜欢不生气的老师。”

“我喜欢不留作业的老师。”

“我喜欢画画好看的老师。”

“我喜欢带我们做游戏、做手工的老师。”

……

我还听见有个可爱的孩子说：“我喜欢像孙悟空一样无所不能的老师。”

看见孩子们这样热烈地讨论着，听见他们心里所喜欢的老师的样子，尤其是听到“我喜欢不生气的老师”时，我深深地思考着：我平时是怎样对待眼前这群天真的孩子们的？以后又该怎样对待他们呢？

我是个急性子的人，有时候孩子们犯错误，我就会变成一个凶巴巴的老师，怒斥犯错误的学生，这和孩子们所说的温柔、不生气完全不搭边儿啊！

这节课我们交流了很多，听取了孩子们的心声，下课前我对孩子们说：“谢谢你们，我会努力做你们心中最喜欢的老师。”听见这句话，平时在班级里最调皮的孩子，也是被训斥得最多的孩子站起来对我竖起了大拇指，他对我说：“老师，您是最棒的老师！我给您点赞！”我听了心里充满了温暖，眼泪在眼眶里打转，也笑着向他竖起了大拇指。

有句话是这样说的：在教育的百花园中，百花吐艳离不开园丁爱的奉献；在金秋的硕果园里，硕果累累离不开耕耘者心的浇灌。是啊，这样天真、可爱的孩子要多用些耐心去对待他们，我相信只要对孩子们多付出一些爱心，这百花盛宴就会在不久的将来展开。

兴趣是不会说谎的

谢志夫

过去三年的体育教学经历让我成长很多，也收获很多。在工作中，我越来越发现工作的乐趣，对其越来越充满热情，但同时，由于经验的不足，我也常遇到很多困惑。一开始通过听老教师的课，到网上寻找上好课的方法，我掌握了很多驾驭课堂的技巧，尽量将他人的长处应用到我的课堂中去。在实践中，我深切地体会到了培养学生学习动机的重要性。

一、体育课中游戏的运用

在自我学习的过程中，我发现对小学生来说，游戏是他们非常喜爱的活动。因此，我利用小学生的身心特点，积极寻找各种形式的游戏来激发他们的学习兴趣。学生在游戏中充满了快乐与激情，也演绎出了很多动人的故事。

有一天，我在上篮球课的时候，四年级最活跃的孟烁同学对我说："老师，我们天天练拍球，太没意思了，我都不爱练了。"我猛然意识到，篮球的基本动作——拍球练习，对于四年级的孩子来说还是略显单调、枯燥了些。于是我对孩子们说："今天我们不再只练习拍球了，老师还要带大家做个小游戏。"一句话激起千层浪，孩子们你一言我一语："游戏？什么游戏？老师，游戏是什么规则呀？"没想到一句简单的话，让本来对体育课怨声载道的孩子们产生了如此大的兴趣。看到他们激动的模样，我也顿时来了精神，向孩子们介绍起了拍球接力跑的游戏规则。其实在看到孩子们如此激动时，我的内心是有些打鼓的：拍球接力跑的实质仍然是拍球练习，孩子们听到这个游戏时会不会失望呢？但是很快我就发现我的顾虑是多余的，只是简单的改变，在原本的拍球练习中加入了游戏和竞赛元素，学生们参加的积极性就可以用空前高涨来形容了。最后，这节课在胜者的欢呼声、失败小组的蹲起惩罚中愉快地结束了。

在这节课中，学生们既积极愉快，又很好地完成了教学任务。这件事给我的触动很大，使我明白了体育教学中寓教于乐的真谛，让我也发现了游戏能够激发学生的学习兴趣这一事实。在以后的教学中，我会更加积极地去设计游戏项目，使我的体育课越上越有趣，越上越吸引学生。

二、体育教学中的皮格马利翁效应

美国著名心理学家罗森塔尔通过对小学生所进行的实验，提出了皮格马利翁效应理论。该理论认为，长辈对学生的期望会让学生真的朝向长辈期待的方向发展。皮格马利翁效应告诉我们，期待、赞美具有一种能量，它能改变学生的行为，使学生获得自信、自尊，让学生不断向着更好的方向发展。在我们的体育课中，这一效应外化成了我对学生满怀期望的激励。

在实践这一理论时，其中一节课让我印象深刻。那节课的内容是前滚翻练习，在我的讲解、示范后，已经学会的孩子们非常积极，争先恐后地在我面前表现，积极举手想要在全班面前做示范动作。但我发现有几个女同学在别人练习的过程中一直默默地在旁边看着，并不加入到练习中去。我没有着急着去批评这几个“偷懒”的女同学，而是上前关心地询问她们：“你们怎么不练习啊？是有哪里老师没有讲明白吗？”一位女同学怯生生地回答我：“老师，我怕。”我知道此时热情洋溢的鼓励才是让她们勇敢迈出第一步的最好方法。于是，我对她们说：“在老师眼里，你们都是最勇敢的孩子，不要被这一点点困难吓倒，好吗？老师相信你们一定行！”我的鼓励真的起到了成效，我看到在接下来的练习中，这几名女同学明显比刚才积极多了，虽然偶尔也能见到胆怯，但她们已经能够参与到练习中了。在下课前，已经有几名女同学能够完整地做出前滚翻的动作了。于是在下课前的总结中，我高兴地表扬了她们，将她们选为本节课中进步最大的同学。看到孩子们满足的笑脸，我也由衷地为她们的进步感到高兴。

成长需要激励，尤其是长辈的期待，对于孩子们来说，是他们学习动机的一个重要源泉；教师要有意识地去创造、去满足孩子们的附属内驱力，因为这对他们的学习大为有益。

三、在体育教学中营造问题情境

对学生来说，带着问题去学习，让学习的过程满足他们的好奇心和求知欲，是把他们的关注力牢牢锁定在课堂中的好方法。

在学习双手头上掷实心球一课时，我在课堂一开始就抛给了孩子们一个问题：你能用你的方式把球投远吗？你还能投得更远吗？老师今天就要教给你们把球投得更远的秘诀。听到有秘诀，孩子们都好奇地伸长了脖子，生怕漏下一句话。这样，让孩子们带着兴趣和问题去学习，每名同学都听得起劲、练得认真。

回顾这些体验，我发现，无论是游戏的应用还是对学生的鼓励抑或是让学生带着问题去学习，都是在培养学生的学习动机。由此可见，学习动机对于体育教学有着重要的意义。它是一切学习活动的前提，为学生坚持学习活动，乐于参与学习过程不断提供精神源泉。它让学生的学习进入一个良性的循环——越是有兴趣越是努力，越是努力越是获得认可，越是获得认可越是有更加努力的动力。因此，在今后的教学中，我将更加关注于如何调动学生的学习兴趣，培养他们的学习动机，给孩子们树立创造佳绩的信念。

我相信，当我倍加珍惜孩子们心中渴望的时候，孩子们也必将以更好的成绩回报于我。

示弱是一种智慧

马莉玲

曾是带过两届毕业班的班主任，一转眼工作三年。在第三个年头，我迎来了一群“新豆包”。

过渡是一个适应的过程，暂且不说孩子的个头从高到矮，年龄从大到小，就从动手自理、行为日常的角度来说说我们的成长。

教六年级时他们是孩子中的“小大人”，特别是农村的孩子，懂事听话性格也刚强，家务活得心应手，是我的小帮手。教他们的时候我一门心思用在教书诲人上，没有过多注意到孩子的日常行为。早上我到班级，地面是一尘不染的，桌椅像检阅的士兵一样，扫除用具摆放整齐，偶尔去得早的孩子，会把窗户擦得如同未安装玻璃一样。黑板上不会有一丝的粉笔灰……每天走进教室，我的心情是很舒畅的。

转眼随着新一年孩子走进我的生活，我的工作重心需要进行一番调整。一年级是孩子校园生活的起点，对于孩子来说更是未知的开始。对于我来说，这样的开始让我头疼了一个星期。一年级是行为习惯养成的关键期，有这么一句话：打下啥底，就是啥底。话语虽然直白，道理却很深刻。开学伊始，一个个“豆包”背着书包走进教室，看着一张张娇小可爱的面孔，我心里顿时在想：这可比六年级的孩子看着听话乖巧，孩子小，没主意，我说什么肯定都听，这得多么省心啊。我的内心窃喜着……

慢慢地，这种喜悦如光速一般消失，接踵而来的是令人头疼的教室卫生。孩子是家中的宝，特别是一年级的孩子才六七岁，家务活很少干，甚至有的孩子连用扫把扫地都未做过。

一样的早晨，一样的我走进教室，可不一样的是教室的卫生：垃圾遍地、桌椅像刚打完仗的战场，孩子们在教室里像快乐的小鸟，整个教室的吵闹声像蜜蜂在耳边嗡嗡直响，凌乱的教室让我的脑袋都快炸掉了，更多的是生气！进门的一声口令，孩子们停止了，教室瞬间安静下来，我扯着嗓子喊道：

“出去！都出去！在门外站着。”孩子们见我怒气冲天，一个个走出教室站在门外。

我拿着扫把带着气打扫教室，重新将桌椅摆好，恢复了教室的面貌，气也消了一半。看着一张张可怜惊恐的小脸，我动容了，我让他们回到教室坐好。进行了一番训斥批评，他们似懂非懂地看着我。从那时起，我决定，第一步管纪律。没有一个良好的学习环境，怎能学好？从进教室到坐好，足足训练了三天——走进教室那一刻就不允许说笑，安安静静地坐到自己的位置上。上课时不许随意在座位上来回走动，训练注意力，这些习惯逐渐形成。接下来就是教室卫生，我天天早上拿着扫把扫地，以为孩子小，这些还是我来，等大一点他们自然就会了。

一个偶然的机会，我去培训。没有早到班级扫地，第二节下课，我快速走进班级，以为地面会纸屑一堆，桌椅凌乱不堪。可是，我被眼前的一幕震住了——地面干净，桌椅整齐。孩子们课间拿着扫把在扫地，动作不熟练，但也学得有模有样。我问他们：“怎么会扫地了？”孩子们说：“马老师，天天看你扫，我们一点一点就学会了。老师，您歇歇，让我们扫吧。”

孩子们一双双稚嫩的眼睛望着我，我感动了。可能平时我过于强势，占据了班级的主导，以为孩子小，大些再说。这种思想让孩子缺少了动手能力。渐渐地我弱下来，放手让孩子自己去做。这种思想我有时也用在教学上，教学一些新知识时我会说：“老师被难住了，谁能帮帮老师解决这道难题？”孩子们会积极动脑思考，一个个变成了我的“老师”。他们用自己理解的题意给我讲，我也把课堂还给了孩子。我弱下来，孩子们变强了。

如今，我们的教室干净整洁，进到教室后鸦雀无声。孩子们学习更努力了，也能做到互相讲解、互相帮助了。

一位教师，放下自己的身段，在孩子面前“示弱”，是一种超高的智慧。不要站那么高，蹲下来给孩子一种亲切感。以弱示人并非真正的弱者，特别是我们教师，示弱可以让我们的孩子变强，可以树立他们的自信，让他们体会到成功的喜悦。

让我们适当地选择示弱，做一名会示弱的聪明教师。

春风十里不如你

刘一诺

2018年的春天，我光荣地成了一名人民教师，当上了钢西小学三年级三班的班主任，带着些许小激动、小紧张，开启了我人生新的旅程。

一、初次见面，请多关照

望着讲台下49张充满童真的面孔，我感到了肩上的责任。“同学们，大家好，我是你们的新班主任刘老师，希望以后能成为你们的好朋友，让我们互相认识一下吧。”最初的了解，仅仅停留在点名簿上，因为一时还记不清这些小调皮们谁是谁，关键班级里还有一对长得一模一样的双胞胎姐妹——海燕、海霞，更是让我闹了很多笑话。比起这些，孩子们的热情、质朴、童真，更让我感动。记得3月7日那天，下了一整天的雪，孩子们放学后不肯走，都围在我的身边：“老师，我们家离学校近，去我们家住。”“老师，去我们家，我妈妈做的饭菜可香了。”……虽然天气很冷，但我的心却是温暖的，走进他们的世界我责无旁贷。

二、最熟悉的陌生人

三年级的孩子说大不大、说小不小，正是长身体、需要更多关爱的年纪。而我们班里的情况有些复杂，有家庭生活困难的，有父母出去打工的留守儿童……刚开学需要买钢笔写钢笔字了，我把生活困难的两名同学私下叫到跟前，跟她们说因为值日表现好，每人奖励一支钢笔，不动声色地解决了她们的实际困难。之后我发现这两名同学学习劲头更足了，字迹也越来越工整，而且她们还主动担起了值日小组长的职务，有的同学值日不彻底，她们会主动帮忙。有一次我还看见她们手把手地教赵宇航扫地，她们永远是放学走得最晚的、干活最多的一同学，她们用行动默默支持我的工作。“刘老师，你班学生与高年级学生打架了。”我第一时间赶到出事地点，看见孩子手破了，当即带着孩子去医务室进行了包扎，并去高年级了解情况。孩子将整个过程都看在眼里，当我拉着他的手回班级的时候，孩子怯怯地说了一句："谢谢您，老师！我再也不闯祸了。"最让我头疼的是有的孩子遇到事情没来由地哭鼻子，讲道理时永远跟他们不在一个频道上，不知道明天惊喜和惊吓哪个先到来。

三、期待成长，成就梦想

巴特有句名言："教师的爱是滴滴甘露，即使枯萎的心灵也能苏醒；教师的爱是融融春风，即使冰冻了的感情也会消融。"同学们像一株株含苞待放的花蕾，等待着我们爱的浇灌。爱、关心、理解、尊重是他们不可或缺的养分，我是一名园丁，虽然在路上的过程很辛苦，但每每看到他们一些暖心的小举动，便知道所有的付出都是值得的。办公桌上不知何时出现的糖果、充满爱心的卡片、美丽的手工小花，还有孩子们温暖的话语，"老师，我喜欢听你的课。""老师，我们跑得都很快哦。""老师，我喜欢你。"望着窗外孩子们奔跑的身影和那一张张纯真的笑脸，我只想说："春风十里不如你。"

静待花开

林　昊

我是一年级的班主任，我班有39名学生。都说个体具有差异性，这在他们的身上完全体现出来了。有些学生特别乖巧，有些学生爱“惹是生非”，但老师对待每一名学生都是一样——没有差异性，或许这就是教师行业的特点吧！

说句实话，我个人还是喜欢小女生。在我班，有三名女生是我特别地喜欢，现在就介绍给你们认识。

第一个是任雨荷，她虽然不是我班的班级干部，但领导才能不输任何一名班级干部。你们一定特好奇，我为什么这么喜欢这个小女生，因为她的优点实在太多了，尤为突出的是：我有时忙于学校其他工作不在班级时，她总是把班级管理得井井有条，好几次其他老师找我时发现屋里静悄悄的，都以为我在班级里，其实没有，只要她在班里，组织纪律我就会很放心。

第二个是曹诗美，她的理解能力特别强，只要说一遍的话她都能听懂，这对于一年级的孩子并不容易。每次课上我提出问题，前几个举手的学生中一定有她。每当我提问到她时，我都会听到她满意的答案，那时我心里总是甜滋滋的。

第三个是张宇辰，她的声音特别甜美，连身为老师的我都自愧不如。只要她带领学生读课文，同学们都很愿意跟她读，班级有这样一名“小小朗读家”，真是这个班级的福气啊。

我心里总是在想如果班级里的每一名同学都是这样，那该多好呀，但每一个班级都有“调皮鬼”。

调皮鬼一号，他的家庭比较特殊，爸爸因车祸去世，妈妈不再照顾他，奶奶因病去世，爷爷外出打工，他只能跟太爷相依为命。他虽然不愁吃穿，但得不到父母的关爱，与其他孩子相比显得格格不入。我认为这是因为他得到了太多的溺爱，所以才上课好动、爱接茬、不举手回答问题、在走廊里跑跳，现在最大的问题就是自习课不认真听清要求，自己跑过来问。我针对他的每一个缺点都做出了应对方案，上课时主要用眼睛盯着他，在他要随意说话时及时预判，明确告诉他以及其他同学，怎么做是对的；下课时和他沟通，避免上课起争执。他身上的问题虽然比较多，但不影响我喜欢他，因为他的品行并不坏，只是从小没有养成好的习惯，过了关键期，再想养成极为不易。他有一个特别好的优点就是非常好学，也很聪明。

调皮鬼二号，他在学前班的“事迹”我可是早有耳闻的，后来亲眼所见，发现他真会吃橘子皮、纸和沙子，这也引起了其他学生的好奇。他就是一个“爱闹”的孩子，在他的眼里推推搡搡都是娱乐，而在我的眼里这些却都是隐患，刚开学时，只要下课回来就听到：“×××打我了。”现在完全没有了，但他还是“爱闹”，爱做一些奇怪的事情。他也非常聪明，正因为这个原因他上课才不好好听课，如果这个毛病能改掉，那么他一定是一名优秀的小学生。

虽然他们俩以及其他学生身上存在着或大或小的问题，但我还是能发现他们的进步，人都是慢慢在改变着的。只要我付出更多的努力来完善自己，拿出更多的耐心等待，我相信终会看到他们茁壮成长。

秉烛之明 传播温暖

沉默的歌

张国野

2017年的金秋，风微微凉，还没有吹走夏的炙热，蔚蓝的天空中慵懒地挂着几朵白云。这一年我迈进了眼前的七彩虹门，以新的身份开始了我的音乐教学生涯。

"同学们好！""您好，您好，老师您好！"伴随着师生问好歌的演唱，音乐课正式开始。对于一年级的孩子来说，他们刚入学，对任何学科都是充满好奇的。他们清澈的眼睛探索着世界的未知，对于音乐课他们更是喜欢的不得了，都想唱歌，也喜欢唱歌。虽然有些孩子唱得不好听，但是几乎所有的孩子都能声情并茂地演唱。而我却被一个个子稍小、低着头、面容有些紧张的孩子所吸引。他只是嘴唇微动，几乎用哼唱的方式在演唱，与班级里的其他孩子格格不入。随着音乐声响起，我在教室里来回走动，聆听每个孩子的演唱。他们的眼睛一直盯着我，当我走到他们身边时，他们会更加用力地演唱，展示自己最好的状态。那个引起我注意的孩子见我离他越来越近，把头抬高了些，身体正了正，偷偷地看着我。我走到他身边时特意放慢了速度，俯身倾听他唱得怎么样。

"你为什么不张嘴唱歌呀？"我微笑地问眼前这个小男孩。他双手紧握，微微皱眉，想要张口，紧张的面颊却已有些发红。我见他面露难色，便不再为难他，摸摸他的头走开了。

下课铃响了，孩子们像鸟儿一样飞出了教室。我叫住了那个男孩，轻声地问：

"你叫什么名字？"

"张鹏。"他小声回答。

"喜欢上音乐课吗？"

"喜欢。"

"那怎么不张开嘴唱歌呀？"我静静地看着他。

“……”他把头埋到了胸里，双手紧紧地抓着衣襟。

我拉着他的手，感觉他的手心已经出汗了，但依旧轻声地说：“张鹏，把头抬起来，咱们重新演唱一次好吗？”

他和之前一样，用近乎哼唱的方式把歌曲唱完。我对他说：“张鹏，你不要紧张，老师非常喜欢你，你要有自信，要敢于表现自己，只有这样你才能唱得更好。如果你像现在这样扭扭捏捏地不敢张嘴反而会唱得不好听，与其这样，为何不把声音放出来让我们一起欣赏呢？”

“……”

“那老师下节课看你的表现，期待你能把歌曲演唱得更好，回去吧。”

他小声地说了句：“老师，再见。”转身默默地走出了教室。

之后，我通过和班主任交谈得知孩子性格内向，平时沉默寡言，不爱与同学打交道。我了解了情况之后便决定默默地关注他。

下次上课时，我仔细地观察他，发现他没有之前那么紧张了，但还是不爱张嘴。我给了他一个眼神，示意他张开嘴演唱，见他有所改变，我微微点了一下头。

我依旧和之前一样在教室里来回走动，聆听着孩子们的声音。当走到张鹏旁边时，我悄悄地对他说：“老师看到了你的改变，非常好！如果你再投入一点，把声音再放出来一些，一定会更好。”

他不好意思地笑了一下，面颊有些微微发红。我摸了摸他的头走开了，继续指导着其他孩子的演唱。

下课时我叫住了他，说：“怎么样，张鹏，这样演唱是不是感觉好多了？”

“是。”他神态拘谨地回答。

“老师喜欢你歌唱的状态，期待你能更加自信、更加勇敢地表现自己。回去吧。”

他仍旧不好意思地笑了一下，轻声地说了句：“老师，再见！”跑出了教室。

之后的课上我都会刻意地留心他，会多给他一个眼神、一个手势、一句鼓励的话语。他也会回应我一个点头、一个微笑，或者更加专注地演唱。

大概一个月之后，我在操场上走，发现他和其他同学一起玩，几个孩子看到我之后手拉手一起跑到我身边站成了一排，对我鞠了一躬，有些羞涩地说道：“老师好！”

我对孩子们的举动感到有些吃惊，微笑着点头回答：“你们好，你们真有礼貌。”

他们笑着跑开了，继续玩耍。

我呆呆地站在原地，回想着孩子身上发生的变化——为他们播种一颗美好的种子，用爱浇灌，静待它生根、发芽、开花、结果。而我也感谢恩师对我的爱，我要将这份爱继续传递下去。

一滴水的力量虽小，但它可以奔流到海；一株草的根叶虽柔，但它能染碧梦想的草原；一个音符虽简单，但它能组成乐曲华丽的篇章。我不知道教育的爱能否改变这个孩子的一生，但至少打开了他那沉默寡言的幼小心灵。

呵护孩子的心灵

刘 芳

每学期初，我们学校都会集体纠操、练操。那天是周三，轮到我们四、五、六年级组上操。同学们站好队后，由体育老师带着全体同学纠操，我们这些班主任来回巡视着，不停地纠正孩子们的动作。

当走到前排时，一名女生叫住了我，我回头一看，是谷佳宁。我睁大眼睛寻问："怎么了？""老师，我有尿。""那快去呀！"我有点着急地说。这孩子平时胆子小，话不多，见到我时眼神也是左躲右闪的，她这时说话一定是憋不住了，一定很着急。我催促她，可她黑白分明的大眼睛望着我，脸憋得通红却站着不动，嘴角微微撇着，我好像意识到了什么……我快步走向她。"老师，我尿了！"她一边说一边低下了头，明亮的眼睛里分明闪着泪光。怎么办？我看了看她附近的几个孩子，他们都在好奇地向这边张望，这件事处理不好，也许会影响孩子的自尊啊！也许会让这个本就内向的孩子更加沉默……这一刻，我突然想到了汪克良老师的《班主任的智慧与魅力》，此时此刻，我必须用我的智慧扭转现在的局面……

我突然提高了声音，略带责备地说："你看你，做惯了家里的大小姐，什么活也干不好，老师就让你打盆水，怎么会全洒自己身上了？"说着我揽过她的肩膀，让她的头靠在我怀里，一方面想给她安慰，让她放心，让她知道有我陪着她；另一方面怕其他孩子看出什么端倪，想给她做掩护。我带着她向教学楼走去，见没有旁人，便小声安慰她，答应帮她保守秘密，她似乎放心了，嘴角含着淡淡的微笑，眼里是满满的信任。教学楼内每层都有值周生，我们一进教学楼，就成了他们观察的目标。为了避免"误会"、使他们产生各种猜测，我又如法炮制，一边向上走一边责备着她，到教室后，我把她安置在温暖的阳光下，又把自己的大毛衣披在她身上，防止她受凉感冒，我又以水洒在身上为理由给她家长打电话。她母亲给她拿来了上衣和裤子，一边帮她换裤子一边奇怪地问："都这么大了，打点水怎么就全洒在裤子上了？"孩子低头不语，我想她可能是不想让妈妈知道这件事，就忙接过话来："你别怪孩子！孩子表现很积极，主动帮助我打水，上操了，孩子着急下楼，可是不小心被高年级学生撞了一下，结果就……"

事情就这样结束了，可能是因为我们有了共同的秘密吧，孩子和我越来越亲近了。她会主动帮助我做事，找我谈心，不知从什么时候开始，我发现我们可以互相开玩笑了，她的脸上也时常绽放出如花般的笑容了。

我知道我用自己的智慧在我与孩子之间搭起了一座桥梁，虽然说了一个谎，但呵护的是孩子幼小的心灵，捍卫的是一个孩子的自尊心，谁能说这个谎言不美丽呢？

无声胜有声

曹　慧

“没有爱就没有教育”，爱心是教育的灵魂，我用爱心播种希望，我用爱心传递真情，我用尽一切方法把我的爱传到每一名学生的心里。每当接手一个新的班级，面对着不同的学生时，我努力寻找他们身上的闪光点，不偏爱、不歧视任何学生，关心、关爱每一个孩子，让每一个孩子都能健康快乐地成长，让每一个孩子都能在课堂上展示自我、找到自信。孩子们也用他们特有的方式感染着我。

尤其是残疾孩子，他们的心灵更脆弱，更需要照顾。我班有一个听力障碍的小女孩叫陈宝博，她年龄比别人大，个子也比别人高，但我还是把她安排在了第一排。她虽然带着助听器，但由于佩戴较晚，效果不好，我和孩子们都主动和她搭话，换来的却只是摇头。每天她都独自画画，整天看不到她脸上有笑容，也听不到她的声音。每当看到她疑惑猜测的表情和无助的眼神时，我的心中便会产生一阵酸楚。偶然一次，灵机一动的一个手语让她笑了，从此，我们的沟通中又多了自编的一个个手语，其他同学也跟着比画起来，渐渐地，她愿意与同学们交流了，也有了朋友，课堂上还能举起小手，每次的回答都是声音与手语相伴，但无论对错，同学们总能给予她最热烈的掌声。手语让她找回了自信，看到她灿烂的笑容，听到她铜铃般的笑声，我是那么兴奋、那么骄傲。记得有一次，我正在讲教研课，放置的小黑板在我转身时“啪”的一声从黑板槽上掉下来，幸亏躲得及时才免于被砸，坐在第一排的陈宝博连忙一边比画一边说：“老师，没事吧？”虽然只是简短的几个字，几个微妙的动作，但字字千金。这也许就是特殊的爱吧。

我们经常说因材施教、因人而异，对学生来说又何尝不是呢？每个孩子心中都有一个小世界属于我们，一个眼神、一个动作都值得我们去关注，相信我们会感受到孩子们那无声胜有声的神奇魅力！

小学班主任教育叙事

褚天舒

我已经在三尺讲台上工作快十个年头了，都说十年磨一剑，我虽然不是师范院校毕业的，但是回想起这十年的点点滴滴，我还是有颇多感受的。说到这里，我想起了在教学中发生的一件小事，与大家分享一下。

一天，上课铃响了，我夹着作业本，迈着轻快的步子走进了教室。教室里特别安静，我习惯地扫视了教室一圈后，笑了笑，说："同学们，这次作业许多同学全做对了，我非常高兴。"一边说着，我一边举起了一叠作业本，稍作停顿，我接着说："告诉同学们，今天老师还发现了一份最让我满意的作业，他是谁的呢？"不待我讲完，同学们就议论起来。我再次停顿了一下，激动地大声宣布："刘郡！"虽然这次作业中还有两个小失误，但老师相信这份作业是他最努力、也是他最优秀的成果。从同学们的眼神和小声的嘀咕中，我看出了他们心中的疑惑。于是我翻开作业本，把上面的"优"展示给大家。"请同学们用掌声向他表示祝贺！"我带头鼓起了掌，随即，教室里响起热烈的掌声。

要知道，这个"优"对于刘郡来说可真是一件大事。刚开学时，我就发现刘郡是学困生，接下来的几周中，我才真正领教了他的作业风格：田字格写字歪歪斜斜，拼音格里的拼音更是"上天入地"，作业中错字连篇。我很快就熟悉了他的"刘氏字体"，不用看名字，也能一下认出来。

以前，课间十分钟，我埋头赶批作业，一路打钩，批到刘郡的作业时就卡壳，我叫同学把他"请"到我的身边站着面批。他的作业本上有几个错别字，我就用红笔重重地圈出来，一脸严肃地说："千叮咛万嘱托，不要写错别字！要仔细检查！"声音不高，分量却很重。说完，我抬头冷冷地看了他一眼，想从他的脸上找到悔过的表情。他没有说什么，整个表情都是木然的，我的心为之一颤。等他走后，我又重新审视这份作业：字的"个子"缩小了许多，拼音格里的章节排得很匀称；一笔一画写得重重的，十分清晰有力。我不自觉地翻看起他前一段时间的作业，相比之下，他现在的作业整洁了，字迹端正了，而翻来翻去却看不到一个“优”字。记得前两天我发作业的时候，他老是悄悄地翻看优秀作业的名单，而我当时还曾不屑一顾地阻止他……噢，我对他做了什么？猛然间，我仿佛看到了他那带着期盼的眼神了，仿佛一下子明白了他所有的含义……这份作业好沉，这是一个孩子用“心”写的，一个简单的对错符号只能来判断作业的正误，而面对一份真正有质量的、蕴涵着特别价值的作业，却必须以自己一颗真诚的“心”去发现、去触摸、去呵护……因为懂得了，所以会特别珍惜，于是我在他的作业本上工工整整地写上了一个“优”字，还特意画上了一张迟到的笑脸。此后，这样的“特批作业”多了起来，作业本上又多了许多丰富的内容——一面面鲜艳的小红旗，一个个可爱的笑脸。

这件事对我触动很大，作为班主任，我们一定要树立正确的学生观，学生都是可教育、可塑造的。作为教育工作者、作为班主任，我们应以赏识的眼光和心态看待每一名学生，鼓励他们找到自己的优点，让每名学生都健康向上地成长和快乐地学习。

美丽的谎言

谷丽美

时间过得真快，一转眼我已经工作十年了！记得十年前的九月，当第一次踏进这所乡村小学的时候，我感觉既熟悉又陌生。熟悉是因为它是我的母校，是我学习生涯的启蒙之地。陌生是因为这次我是以教师的身份重新站在这里，一切都是新的开始。

母校把我培养成才，我一定要做一名合格的人民教师来报答它的恩情。那么什么样的教师才是合格的教师呢？是过硬的教学基本功，还是突出的业绩？慢慢地我发现这些都是，又都不是。我觉得一名合格的人民教师不仅要不忘初心，时刻想着怎样上好每一节课，教好每一名学生，更为重要的是时刻关爱学生，保护学生的身心，让他们能够健康快乐地成长！

其中有一件事对我触动很大！记得那是五年级的一节英语课，那天我刚走进教室，课代表就把早上考单词的成绩单拿给我看，我发现这次考单词的正确率挺高，尤其是刘慧同学——一名单词“困难户”——这次也只错了2个，我心里很高兴！刚要极力表扬一番，课代表又交给我另一样东西，一张写满单词的小纸条。我似乎明白了什么，却又故作糊涂地问道：“这是什么？”“这是考完单词后，刘慧同桌在她的桌子上发现的。”课代表愤愤地说。

异于平常的成绩，一张写满单词的纸条，这两个条件碰撞到一起，使我心中燃起了怒火。这是什么学生？平时不努力，考试想作弊！这不仅仅是学习态度问题，而是上升到了品质问题。我真想狠狠地批评她一顿，让全班同学都以此为戒。但转念又一想，她为什么作弊呢？说明她还是在乎成绩、在乎老师和同学们的评价！如果我批评了她，让全班同学都知道她考试作弊了，那她以后怎么面对自己的同学和老师呢？这样会不会让她对英语学习更加没自信了呢？想到这儿，我做了一个决定：我不能做一名旁观者，我要帮帮她！

可现在怎么帮呢？全班同学都在等着我“审案”呢！这时我抬头看了一眼刘慧，她的脸上写满了愧疚，像一个等待宣判的罪犯一样低着头。我又看了看大家，故作轻松地说：“同学们，你们误会刘慧了！这张纸条是我昨天放学后写给她的，为了方便她在放学的路上背单词。她一定是今天早上不小心掉在书桌上了。你们看老师的办法好使吧？刘慧同学果然进步了！以后你们也可以随身携带一张写满单词的小纸条，随时背单词，好不好？”

全班先是沉默了几秒，之后响起了雷鸣般的掌声，我不知道这掌声是送给我的，还是送给刘慧的。总之，我的眼睛湿润了！

这时我看到刘慧抬起了头，冲我会心地笑了！在以后的单词考试中，刘慧仍然不是对得最多的那个，但她每次都在进步，而且再也没有发生过类似这样的小抄事件。她现在每次见到我的第一句话都是：老师，我的单词都背下来了；老师，这次考单词我只错了一个……我每次都笑着说：“好样的！继续努力！老师相信你……”

经过这件事，我也进行了反思：如果当时我不撒这个谎，而是批评了这名同学，后果会是怎样呢？也许是起到了“杀一儆百”的作用，可却伤害了一个孩子的自尊心。可能会在她的心里留下阴影，使她对学习甚至是生活失去信心，这样的代价太大了！我想这不是我想要的结果，更不是教育的目的。作为教师，我有义务去关爱我的学生，保护他们幼小的心灵不受伤害，让他们有信心和勇气走好自己的人生之路！

守护孩子的自尊

韩春风

孩子的心灵是纯洁而美丽的，如水晶；孩子的心灵是脆弱的，如玻璃。我们做老师的在欣赏着他们水晶般心灵的同时，更要保护他们玻璃一样易碎的自尊。

那年，我接手了二年级班主任的工作，班上有个男同学名叫轩轩。经过几天的相处，我发现他少言寡语，眉头一直紧锁，即便有时他犯了小错误我也不忍心批评他，我迫切地想帮助这个男孩，想让他和班上其他同学一样活蹦乱跳、爱说爱闹。于是我找他谈话，我温柔地对他说：“孩子，你有什么事可以和老师说，老师可以帮助你的，我们大家都非常喜欢你。”可孩子却出乎我的意料，只说了一句：“我没事，我很好。”接下来我再怎么引导劝说，孩子都只是说没事。孩子拒绝了我的关心和帮助，但当孩子抬起头用那种既坚定又闪烁的目光看着我的时候，我突然明白了，轩轩的这种倔强劲不就是强烈的自尊心的体现吗？我后悔我自以为做了那些看似对他好的帮助，我决定要像对待其他孩子一样去要求他，同时我也在等待一个机会，让他自己敞开心扉，主动跟我沟通。

一天中午，午饭过后，我在办公室休息，班长突然来找我说轩轩哭了，我急忙回到教室，看到趴在桌子上哭得非常伤心的轩轩，我心疼极了。但是我并没有急忙劝说，我想就让他发泄出来吧，我只是坐到他旁边默默地陪着他，二十分钟过去了，我走到他的身旁抱了抱他，渐渐地他停止了哭泣，他跟我说他想妈妈了。轩轩终于给我讲了他的故事，他父母离异，从小由母亲带大的轩轩不能习惯妈妈不在身边。于是，我跟他讲了在汶川地震中失去父母落下残疾的小男孩坚强、勇敢、快乐生活的故事，他听了很感动。接着我又跟他讲，虽然父母分开了，但他们对你的爱并没有减少，想他们了就和他们打电话或视频，妈妈看到你阳光快乐一定会很欣慰的，有时间就会回来看你了。我庆幸轩轩终于选择了信任我，和我做了朋友，没事就会来找我聊一会儿。孩子的性格也开始变得活泼开朗了，学习成绩也有所提升。从轩轩这件事上我收获颇多，孩子虽小，但他们有着强烈的自尊心，他们渴望和其他小孩一样。作为老师，我们要学会默默地守候这玻璃一样易碎的自尊。老师的陪伴胜过千言万语，静待孩子主动敞开心扉，要适时帮助孩子解决他们的烦恼。

教育家魏书生曾说："教师应具备进入学生心灵的本领。育人也要育心。只有走进孩子心灵世界的教育，才能引发心灵深处的共鸣。"当孩子委屈哭泣时，必然有他的原因，教师要善于捕捉细微处，洞察孩子内心的想法。当孩子感受到老师的理解与关爱的时候，那也是孩子主动拉近彼此心的距离的开始。

老师不仅要做传道授业解惑者，还要做孩子们最信任的朋友，做孩子们最亲近的姐姐或是阿姨抑或是妈妈！三尺讲台，道不尽的酸甜苦辣；四尺黑板，写不完的人生风景。作为一位教师，我深感光荣，同时我也勉励自己要勇于进取、不断创新，只有这样才能尽情地欣赏学生的创造，才能感受人生的幸福！

和孩子们一起战胜懒惰

岳陆露

每个人都有懒惰的心理，我也不例外。每个人最大的敌人都是自己，只要战胜它，你就是那个胜利者。对班级的管理也是一样的，我放松了，学生们也会跟着放松；我紧张起来，他们也会变得忙碌。小学阶段是养成习惯的关键期，所以作为老师，我们应该更加严格要求自己，时刻保持紧张忙碌的状态，让孩子们跟着我们养成好习惯！

期末临近，同学们都在进行着紧张的复习，班级黑板上醒目的倒计时也在时刻提醒着大家珍惜这有限的时间。课堂上因为有老师耐心的讲解和指导，所以同学们都能有条不紊地学习。可是家庭作业却出现了问题，平时的家庭作业我都是安排组长检查，每天都会有几名同学不按时完成，完不成作业的同学就在课堂上补，我很是烦心，我不能让他们这样放任自己。我向同学们提出新的要求，家庭作业每天早上都放到我的桌子上，我亲自检查，看看谁不完成，我会用特殊方式惩罚他。第二天，我催促着，作业陆陆续续地交上来了，可是还有七八名同学低着头犹豫着，不知道怎么办才好的样子，我一猜就是没写完。都出来吧！我挨个问原因，各种原因都有，但是我发现这几个孩子都是由爷爷奶奶看管、父母不在身边，平时也完不成作业的。于是，我就耐心地教育他们："你们的爷爷奶奶年龄大了，没有过多的精力看管你们的学习，你们只有自己管好自己，只有战胜自己，才能获得成功，不能让懒惰、贪玩做了主人，老师再给你们一次机会，希望你们能战胜自己。"

次日早晨，我再次检查作业，只有两名同学没有完成，其中一个就是史明达，他连续几天都没有完成作业。我心里想：他这样是什么原因呢？原来的他积极要求上进，现在怎么有些心不在焉呢？是不是家里有什么事呢？一连串的疑问出现在我的脑海！我并没有狠狠地批评他，而是表露出很失望的神情，我决定单独和他谈谈。他的家庭也是比较特殊的，家里也是只有爷爷奶奶，还有一个上学前班的小弟弟，但是爷爷生病卧床，奶奶更没有时间看管他的学习。我问他：“史明达，你不完成作业是什么原因呢？是不是家里有什么事啊？”他深深地低下了头，轻轻地对我说：“老师，对不起！我放学回家要帮家里浇园子，还要帮奶奶烧火做饭，我实在没有时间写作业！”听完他的话，我的眼睛湿润了，小小年纪的他已经是家里的主要劳动力了，可是我应该怎样帮助他呢？我鼓励他说：“孩子，你不能对自己失去信心，你还有老师，老师相信你能够安排好自己的时间，我会找时间和你奶奶谈谈，老师也相信你能够做得更好。你也认识到自己的错误了，希望你以后能按时完成作业，能准时把作业交到老师手里。”他兴奋地点了点头：“谢谢老师给我机会，我一定不会让您失望的。”过后我给他奶奶打了个电话，谈了谈关于孩子学习的问题，他奶奶还是比较看重孩子学习的，只是怪家庭中的各种因素，我说不管什么原因都要给孩子留出学习的时间，要不孩子的一辈子就耽误了，一定要让孩子写完作业再帮助家里干活，他奶奶也表示一定配合。希望这次谈话能够起到好的作用吧！

经过几天的整顿，家庭作业完成情况得到了大大的改观，史明达同学也能自信地把作业拿出来了。作为老师，我们不仅要督促孩子学习，还要了解孩子的内心，要经常和孩子们谈谈心，了解他们的现状。我也要让自己更忙起来，不让有些同学持观望的态度，要让他们真正地紧张起来，而我也要保持紧张状态，不能放松！让我们一起来战胜懒惰、战胜自己吧！

春泥护花，蜡尽尤温

刘春月

十年前，我有幸加入祖国园丁的队伍，我喜不自胜并信心满满。教书育人让我倍感骄傲，我坚信倾注心血的爱能使孩子们早日鲜花绽放！

还记得第一次登上三尺讲台，那时的我青涩中带着欣喜。我看着台下一张张稚嫩的面孔，他们的眼中迸发着求知的光芒，一股责任感油然而生。从小梦寐以求的教师职业，我真的可以胜任吗？

在最初的那段时光里，我空有一身蛮力，缺少理论，整堂英语课我都忙着瞪眼、敲打讲台和高声吼，就怕哪个学生不听课。我有时甚至会大声指责犯错的同学，只因为这样能够起到威慑作用，却没有考虑到挨批评学生的感受，同样忽略了那些还期待老师教授新知识的学生。久而久之，我的课堂低效而沉闷。往往一节课下来，我筋疲力尽，学生却什么也没学会，只记得课堂上的那位“河东吼狮”让他们畏惧。我感到迷惑了，难道我的方法出错了吗？我开始思索，当年处于学生时代的我最喜欢什么样的老师呢？我喜欢教我音乐的杨老师，她说话总是柔声细语，眼神中总是带着笑意。我曾暗暗发誓，我要做杨老师那样的老师，可现在的我为什么背道而行了呢？从那以后，我学会了尽量控制自己的情绪，尽量展现和蔼可亲的一面，我更时不时地在课堂上和学生开个小玩笑，以便拉近与学生的距离。渐渐地，我发觉整个课堂氛围有了改观，师生间的关系也变得越来越融洽了。我备受鼓舞，看着可爱的孩子们，我立下决心，我要做走进学生心灵的真正的教育者。

教师是学生的镜子，学生是老师的影子。尊重和爱护学生的自尊心，要小心得像对待一朵玫瑰花上颤动欲坠的露珠一样。要得到学生的尊重和爱戴，首先，要学会尊重学生的人格。老师的一句话可能会影响孩子的一生。我记得，六年级四班有一位特殊的女孩叫陈宝博，她先天听力弱，吐字也不清晰。她的英语一塌糊涂，课堂上，从来没读对过一个单词，我总是对她又气又急，有时还用责怪的眼神审视着她，因此，孩子在英语课堂上的头埋得越来越低。

有一天的第七节课，我考孩子们单词，她照例一个也没写上来，当时的我很生气，本想把她叫到办公室严厉地呵斥一顿。可看见她害羞地站在那里，双手纠缠着衣角，我决定换种方式。我心平气和地把她叫到走廊边，双手轻托起她的脑袋，用慈爱的眼神注视着她，直到她避无可避，看着我的嘴，我微笑着说："为什么，你总是记不住呢！老师真替你着急啊，宝贝！"她怯怯地说："老师，我记不住，我也看，我也练，我放学都让补课老师考我……"我愣在那里，原来她听得到我说话，她也是这样地渴望得到我的关爱。我用夸张的嘴型，以便她能猜出我说的话："宝贝，你是被上帝遗忘的天使，被一扇窗户挡住了，你愿意和我一起用勇气和毅力打开它，迎接你的春天吗？"她羞涩地点点头。

从那以后，她每天背两个单词，同学们经常在她的练习本上看见一个单词写了上百遍。课间她总是主动找身边的同学，请他们考她单词。等到她能背写十个单词的时候，我就会奖励她一个Good奖章。我还发现，她的英文作业写得笔迹清秀，和先前的作业相比简直判若两人。我的内心突然涌动着感动和喜悦：这个小姑娘，真让我刮目相看。随即，我拿起红笔，在她的本子上加上批语："Good girl，I love you！"更令我惊喜的是，在学校英语百词竞赛中，她考了100分的好成绩，得了第一名。这位小女生又一次让我刮目相看。我在全班同学面前对她大加赞赏，班上得满分同学的名字被我搬上光荣榜，我在她的名字周围特地画了几朵小红花，好似给她戴了一个迷人的花环。我发现，她那张小脸兴奋得通红通红的，眼睛里盛满了浓浓的笑意、幸福和陶醉。有人说："一名教师只有把热爱教育事业和热爱学生结合起来，才是一名优秀的教师。"只有热爱学生，才能关注他们的成长，才能做到真正的教书育人，才能尊重他们，引导他们成才。教师应该用自己博大的爱去温暖每一名学生。

教师之所以伟大，在于她永远消耗自己，照亮别人。我是一名教师，我已经做好了为教育事业奉献一切的准备。作为教师，我们就应该淡泊名利，以教书育人为己任。曾经，我也是一个懵懂无知的少年在孜孜不倦地求学。如今，我愿化作春泥，饱含深情地呵护我那些可爱的花朵儿们。

鼓励与信赖学生

李　浩

犹记得那是一个金色的九月，刚刚当上教师的我，被分配到了一个偏远的农村小学。就在这里，我真正地感受到了作为教师的责任感与使命感。

这真是个偏远的农村小学，全校一共才四个年级，所有的学生加在一起还不到60人，甚至都不如镇里小学一个班级的学生多。而我的班里只有10名学生。在这里，我要讲的就是这10名孩子中的一个——李昕达。

出身于单亲家庭的他，有着不同于别的孩子的坚强与独立。当别的孩子每天上下学拉着父母的手撒娇时，陪伴他的只有和他一般高的自行车；当别的孩子对吃的饭菜挑三拣四时，他却吃着自己做的饭菜。多么独立和让人怜爱的孩子啊！就是这样一个生活困苦、令人心疼的孩子，他的身上也有着自己的缺点——从不写作业。

接手这个班级的第二天，我开始检查前一天所留的作业。当我检查到李昕达时，他跟我说："老师，我作业忘家了。"我一想，也许他真的把作业忘在了家里，便对他说："下次注意，不要丢三落四，明天把作业一起带来。"他点头说："行。"没想到第二天他的回答依然是："老师，我作业落家了。"当时我的火气就上来了，便罚他站讲台。这时别的同学对我说："老师，他撒谎呢！他没把作业落家，他从来都不写作业的。"听了这个孩子的话我更生气了，于是我狠狠地批评了李昕达，并告诉他，以后必须写作业，而且绝对不许再撒谎，否则我绝对不会轻饶他。谁知第二天他依旧没写。

日子就这么过着，漫长而又短暂。我每天都与李昕达重复着一个话题"作业拿来——没带——补写作业"。我觉得这样下去可不行。现在他还小，迫于老师的压力，他不敢不学。可是，以后怎么办呢？于是，我利用学校午休的时间看管着他写作业，每次他写完作业我都会当着全班同学的面来表扬他。渐渐地我放宽要求，对他说："考验你的时候到了，今后的作业由你回家后自主完成，老师相信你能行。"第二天，我准备好了表扬他的话，就等着他把写完的作业交上来了。谁知他又没写。我问他原因，他对我说："他每天放学要骑很长时间的自行车，到家后要先劈柴，因为他家没有液化气。劈完柴洗菜做饭，因为他妈妈下班回家的时候天早已黑了，做好饭后，得去后山捡一些树枝和干柴，准备明天生火用……"他自顾自地说着，而我的眼睛却湿润了。我和他谈了很多，只记得我反复告诉他的一句话："只有学习才能更好、更快地改变自己的命运。"我告诉他我相信他今天对我说的每一句话都是真的，我相信他能成为一个品学兼优的孩子，我也相信他能通过自己的努力改变自己的命运。

此后，我完全放手他的作业，不再刻意去看管，而是让他自己找时间、找地点去写，在哪里写都可以。我告诉他写作业的目的在于巩固自己所学的知识，只有把知识巩固好，才能深刻地记在自己的脑袋里。果真，一段时间之后，他能把作业写完了，更重要的是完成的质量还很高。

八年过去了，李昕达已经上高二了。前不久，我们在路上偶遇，他告诉我他将来也要报考师范学校，将来也要做一名优秀的人民教师。

教育教学案例

李红霞

人民教师，是我向往的神圣职业；教育事业，则是令我深爱的沃土。满怀激情与梦想，踏上教育这块沃土，从此我就从事着教学工作。我一直刻苦钻研、不断进取，努力提高自己的业务水平和教学能力。

张守亿同学是一个好动、散漫、脾气倔强的男生，这位看似貌不惊人的学生，却是我班主任管理工作中的一个大难题。该生学习成绩较差，由于基础欠缺，所以不管什么文化课他都不肯学、不愿学，上课时无精打采，要么搞小动作，要么影响别人学习，对学习没有丝毫的兴趣；下课和同学追逐打闹，喜欢动手动脚；课后不能认真完成老师布置的作业，即使做了，也是糊弄一下……几乎每天都有学生向我告状。不理他的那几天，他变本加厉地闹！此时，我觉得无法逃避，只有正视现实，解决好这个问题。于是，我找他进行多次谈话，希望他能遵守学校的各项规章制度，以学习为重，按时完成作业，知错就改，争取做一个遵守校纪校规、认真学习的好学生。每次谈话，他态度都很好，但在行动上没有一点儿进步，我几乎对他失去了信心。此时我的心都冷了，心想算了吧，或许他真是“不可雕的朽木”。但又觉得作为班主任，我不能因一点困难就退缩，如果不把他管好，还会影响整个班集体。我暗暗下决心：非把你转化过来不可。

在小学群体中，绝大部分学生不喜欢老师过于直率，尤其是批评他们的时候过于严肃更会使他们接受不了。有一次我上课，身为班主任，学生在我面前一般不敢睡觉，而张守亿却旁若无人地趴在桌子上睡觉。这成何体统！当时我心里非常气愤，但怕影响其他同学上课，所以我就没在班上批评他，直到下课后我才让他到办公室里来。虽然心中充满怒火，但我还是没有严厉地批评他，因为我了解到像他这样的学生脾气比较倔强，说得过重反而适得其反。

谈心、聊天，这是做学生工作的一些基本方法，也是班级管理过程中必不可少的环节。经过观察，我发现了他的一些爱好特点，例如，喜欢上网、喜欢打羽毛球等。于是我积极地走进他的生活，了解他的心理世界，全方位地对他展开关心，并积极引导他遵守纪律、尊敬师长、团结同学、努力学习，做一名好学生。在路上遇到他，我会有意识地先向他问好。只要他的学习有一点进步，我就及时给予表扬、激励。他生病时我主动关心他。久而久之，他也逐渐感受到了老师对他的“好”，明白了许多做人的道理，明确了学习目的，端正了学习态度，学习成绩有了质的变化。

通过半学期的努力，他能遵守学校的各项规章制度了，上课开始认真起来，作业不仅工整也能按时上交，各科测试成绩都有明显的进步，与同学之间的关系也改善了，各科任老师都开始夸奖他。

班主任是与学生接触最多的人，也是学生最容易亲近的人。学生有被认可和被肯定的需要，他们在意家长对他们的看法，在意同学之间的评论，更在意自己的闪光点是否得到了老师的认可。至今我仍深深地记得我校一位老教师说过这样一句话：“表扬要点名，批评不点名。”只有这样才能更好地开展班主任工作，才能与学生建立良好的师生感情，才能进行互动式的交流与沟通。

爱是尊重

李　敏

从站上三尺讲台开始，我就年年担任班主任，我想这是一份责任，也是一种荣耀！在班主任工作中，我深深体会到了班主任的艰辛与伟大，也体会到了教育工作的神圣，体会到了师爱的博大。“表达师爱，不是写在纸上、说在嘴上，而是要用自己的言行来实践。老师对学生要满腔热情满腔爱，做到师爱荡漾。”我愿意为教育事业而努力，并致力于做一位优秀的班主任！要做一位优秀的教师，不仅要有扎实的基本功、优美的语言、广博的知识、丰富的经验，更重要的是要心底有爱！这份爱是每一位教师心底最深处的良知，也是教师职业道德的核心！

我班的李玲同学，由于妈妈很早就离开了她，所以她缺少母爱；她不会收拾自己，穿衣服胡乱搭配，经常长袍短褂。为此，我把她找来，慢慢地给她讲一些生活常识。早上我帮她梳头发，并指导她学习相应的搭配，让她学会打扮自己。六年过去了，她现在已经是一个干净、整洁、爱美的小姑娘了。赵刚同学从小生活在上海，接受的是较为先进的教育理念，但是他好动，而且磨蹭、耐挫折能力特别差，接受不了老师和同学的批评，经常会对着老师和同学大声吼叫。记得一年级时，他上课总摆弄前面一个小女孩的头发，我提醒他，他忍不住又动，我就让他站起来听课，结果他指着我大声喊：“老师，你变相体罚我！”我很诧异，从教十年来，我从来没有遇到过学生敢这样指责老师的。本来我有一肚子的火，但是面对这些天真无邪、还没有接受过学校教育的孩子，我忍住了，然后平心静气地将他揽入怀中，慢慢地跟他讲上课听讲的重要性。他看着我温和的目光，哭了，还主动给我道歉。后来我经常找他谈心，让他充分认识到：做一个人应该大度，要能接受别人的指正，只有这样才能不断进步……现在他已经是一个平和、友善的孩子了。了解了学生的特点，我就能有针对性地去关心和教育他们了。

康小明同学，上课好动，爱和同学发生矛盾，是个地道的调皮大王。我发现这个孩子尽管有这样那样的缺点，但他特别尊敬老师、热爱劳动、乐于帮助别人、有很好的思想基础。我多次找他谈心，及时与他的家长取得联系，对于他的每一点进步都给予鼓励，还交给他一些班级工作去做，并适时地表扬他，慢慢提高他在学生中的威信。经过长时间的教育，他能主动帮老师做事，成绩也进步了不少，同学们都对他刮目相看。

高尔基说过："谁爱孩子，孩子就爱他。只有爱孩子的人，才可以教育孩子。"要建立良好的师生关系，真诚地、由衷地热爱自己的学生，这是教师必备的基本品质，更是教育成功的前提。

爱的力量

李　友

十二年的教学生涯让我明白了教师应该懂得运用自己的知识、智慧和人格引领学生们一同成长、并肩前行，学生因为有我的陪伴而快乐，我因为有学生的同行而幸福。在享受这些快乐与幸福的同时，我懂得了爱是教育的魂，没有爱就没有教育。

作为班主任，我们应该勤勤恳恳、任劳任怨，尤其对学生的教育要耐心细致，使班级形成强大的凝聚力和向心力。在班级管理上，我要求自己做到关心学生、爱护学生、尊重学生、保护学生，以自己的热情、参与和坚定的意志，激发学生的热情和参与意识。

爱学生就要了解学生，包括对学生的身体状况、家庭情况、学习成绩、兴趣爱好、性格气质、交友情况有深刻了解。这是做好班级管理工作、提高教育教学质量的必要条件。为了了解学生，我经常和他们在一起，经常利用课间、中午时间深入班级，了解学生的学习情况和家庭情况以及学生的在校表现等。通过与学生谈心，我知道我班有许多单亲孩子和留守儿童，对于这样的学生，我平时总是多关心他们，让他们感受到一种父爱的味道和集体的温暖。但我也有疏忽的时候，前几天我班的王丽同学在数学课上搞小动作，被老师发现后说了她两句，于是这个孩子沉不住气了，对李老师有了抵触情绪。当我回到办公室了解了情况后，及时找到王丽了解原因。其实原因很简单：现在家里都是一个孩子，而且还很娇惯，基本上不说也不打，由于李老师说了她两句她就受不了了。我知道后就极力地开导她，告诉她老师的好意，可她的性格太倔强，一时间很难转变过来，于是我就与她聊了几句家常话，并从侧面了解到她是个孤独的孩子。我很纳闷：有父母的疼爱为何会孤独呢？我又问了一句：最近你的家里有什么事吗？他告诉我说："爸爸和妈妈经常吵架，前阶段妈妈离开家搬出去住了，周末回到家里冷冷清清的，爸爸现在也不怎么管我。"我感觉到眼前的这个孩子太可怜了，本应享受母爱的时候却变得这么孤单。于是在班级里我就经常关心她，课堂上多提问她，力争走进她的心灵。在我和李老师的教育下，她终于转变了态度，上课能够认真听讲，学习也比之前更加刻苦努力了。这不禁让我感受到教师职业的伟大，我们的一句话可能会改变孩子一生的命运。

教育工作，是一项常做常新、永无止境的工作。让我把一生矢志教育的心愿化为热爱学生的一团火，将自己最珍贵的爱奉献给孩子们，相信今日含苞欲放的花蕾，明日一定能开出绚丽的花朵。

爱要行动

李媛媛

人们都说教师事业是太阳底下最光辉的事业。我认为“教书育人”，教书是职业，育人是事业。要想把自己的事业干好，首先要发自内心地热爱自己的工作，多钻研、多改变、多创新。

苏霍姆林斯基说：“没有爱就没有教育。”我觉得，没有付诸行动就等于没有爱。参加工作这几年来，我的心中始终装着每一名学生，民主平等地对待每个孩子，尊重每个孩子，努力发掘着每一个孩子身上的闪光点，从没放弃过任何一个使学生走向成功的机会。

小学班主任的工作是繁杂的，除了关注孩子们的学习，还得关注他们的心理。记得那是一个寒冷的冬天，我班的李歌又旷课了。于是，我和科任老师换了课，骑上电动车去她家家访。

当我到了她家时，首先映入眼帘的是一座低矮的小平房，外表灰秃秃的，走进门去是一片泥地，地上摆放着几口老式的深褐色的柜子，窗户是木制的，仔细一看，有几块本应该放玻璃的地方却被塑料所替代，两间房的火炕上躺着一个面容憔悴、身形瘦弱的中老年男子，李歌正坐在那。看见我时，她非常惊讶，可能没有想到我会去找她。我苦口婆心地劝说，她还是不想去上学。最后，我带着商量的语气对她说：“你看，今天能不能跟老师去学校，也算我没有白来？”她想了想，点了点头。

回去的路上，我的电动车被崎岖的土路颠出了问题，只好下车推着走。李歌也推着自己的自行车陪我。突然，她哽咽着说：“老师，我爸得了矽肺。”这时，我看见晶莹的泪花在她眼里打转。我的心被震撼了，对她说：“你真是个孝顺又懂事的孩子！”我们走了半个小时才到学校，一路上我们聊了很多。从那以后，无论刮风、下雨、下雪，她都没有旷过课。

那一天，虽然天气很冷，可是我们两个人的心是暖的。我被她的孝心所感动，我想她一定感受到了我的真诚和对她的关心。如果我没有去找她，她可能不会再来上学，而我也不会知道她内心真实的想法。

像李歌这样的学生何止一个！当孩子们取得好成绩，看着家长感激的目光时；当软弱爱哭的孩子变得坚强勇敢，听到他的母亲激动的话语时，我仿佛看到了一只只丑小鸭变成白天鹅，正展翅腾飞。当每次竞赛，学生们把奖状贴到墙上，露出满脸的欣喜时，我仿佛看到了一棵棵小草从我这里找到了一块可以扎根的土地。能看到一条条小船顺利地驶入大海，这才是我最大的欣慰，这才是我为人师的自豪！我告诉自己，今后的工作要知行合一，爱不只在心中，更要行动！

善待"慢生"，静待花开

刘　滨

正如"大自然里没有两片相同的树叶一样"，世界上也不会有两个相同的人——这是我工作十二年来最深的感受！既然人和人都不完全一样，我们作为传道授业解惑的师者，又为什么想要求班级里的每一个孩子都考100分呢？当然，这是不现实的！他们每个人的差异决定了每个人的努力程度和进步快慢。我经常这样比喻：我的学生们好比大自然里各种各样的花儿，每一种花儿的花期是不一样的，我们又何必统一要求有着不同花期的花儿必须在同一时间开放呢？因此作为师者，我们一定要静待花开！

班级里的赵同学，父母离异，爸爸身体残疾，奶奶年迈多病，家庭经济困难，每月只能靠政府发放的农村人口最低生活保障金维持生活。这个十岁的小男孩本应该享受快乐的童年，拥有爸爸妈妈的疼爱，但由于家庭状况，他必须过早地挑起家庭的重担，每天做家务，照顾爸爸，给奶奶按摩、做饭、洗衣服、喂鸡等，以至于他每天根本没有时间完成作业！每天晨读时间我开始检查作业，他总是把头埋得很低很低，生怕我揭穿他！我看透了他的心思，没有为难他，因为他的奶奶在电话里跟我说了他家的情况，他是一个可怜的孩子，我从心底里心疼他！

他的成绩不尽如人意，我没有责备他，而是利用课余时间帮他讲解他不会的知识，或者发动班级干部去帮助他学习。每每我们的眼神交汇在一起时，我的心都很痛！一个十岁的孩子默默地承受着这些，真的很不公平，我能做的就是用老师博大的胸怀去包容他、爱护他，让他幼小的心灵多一丝温暖和安慰。慢慢地，他开始对我放下了戒备之心，我也慢慢地走进了他的心里，就这样，我们成了无话不谈的朋友。有一天，我的桌子上出现了一个热乎乎的鸡蛋，我的眼神落在了他的身上，他羞涩地笑了。第三节课是数学测验，他破天荒地考了61分，他拿着试卷，泪水一滴一滴顺着脸颊流下，平时那么坚韧的小男子汉，在这一刻彻底崩溃。只有我俩知道，这是我俩共同努力的结果，作为奖励，我把那枚鸡蛋送给了他！那天，我发现我的工作是如此伟大与神圣，我就这样改变了一个孩子。因为家庭原因，他成了班级里的“慢生”，老师推一把，他就会赶上去；老师视而不见，后果则不堪设想。是他，让我认识到自己的价值所在；是他，让我重新对班主任这个角色充满信心！

进入六年级的王同学，由于爸爸妈妈常年在外打工，他只能跟着爷爷奶奶生活。他的学习基础较差、生性懒惰、自觉能力差、性格孤僻，这种散漫的状态正在恶性循环，而且他的学习成绩一直落在后面。有一天数学测验，我意外地发现他卷纸上的口算、脱式、方程偶尔还能做对几道，我仿佛“哥伦布发现新大陆”一样高兴，他还有救，他一定能进步！我这样坚信着……于是，我每天单独为他个人量身打造家庭作业“十道计算题”。第二天检查作业，我会认真地给他批改，并对错题进行讲解。慢慢地，他的学习兴趣提高了，也经常拿一些计算题来请教我，他的状态与之前的“上课睡觉”截然不同，我看在眼里，乐在心上。每次答卷，他最先答计算题，然后信心百倍地拿给我批改，好多次都是全对。他开始变得开朗、自信了，还有朋友了！上课提问时，我经常会叫他回答问题，大家都不敢相信曾经那个“慢生”，如今怎么变化这么大！

其实，从教十几年来，我深深地感受到学生们是一个个十分敏感的生物，老师的一个举动、一个眼神、一句鼓励、一句关心，都会牵动他们的心！作为新时代的教师，我们有责任、有义务去教育他们，让他们在老师的教育和鞭策下越来越棒！

善待班级里的“慢生”，给他们一片属于自己的天空，他们定会绽放出绚烂的光彩！静待花开，继续做一位有耐心的班主任！

宽容和尊重是最好的爱

刘　强

小时候，我的理想是长大了做一名老师。那时的理由很简单：老师太了不起了，什么问题都难不倒他。当我真的梦想成真时，才知道自己身上责任和使命的重大。不经意间，我已经在讲台上度过了十多个春秋。在从教的这十多年中，我深刻体会到陶行知先生说的："爱是一种伟大的力量，没有爱就没有教育。"其中的含义就是"教育是爱的事业"。这些年来与学生之间发生的事有很多，随着时间的流逝几乎都淡忘了，但有一件事到现在我还是记忆犹新，因为它让我懂得了：宽容和尊重是最好的爱。

这件事发生在我刚参加工作两三年的时候。早晨的上课铃声响了，我和往常一样怀里抱着教科书和教案走进教室。刚进教室我就感觉气氛不对：几名学生没有坐在座位上，而是围在班级学委王艺蒙座位周围，像是在劝她，不时还能听到王艺蒙哭泣的声音……我想：这是出事了！我还没来得及多问，孩子们看到老师进来了，都很自觉地回到了自己的座位上；学委看到我来了，哭得声音更大了。这时班长李思慧举手，站起来说："老师，王艺蒙把午饭钱弄丢了！"

早晨我刚进校门时还碰见了王艺蒙，她笑眯眯地对我说："老师，今天妈妈给我和小弟五元钱，让我们买午饭。""那妈妈中午就不给你们送饭了？"她使劲地点着头说："妈妈干活没有时间来。""妈妈说，剩下的一块钱让我和小弟买零食吃呢！"那种幸福和骄傲的表情把我都给逗笑了。我们全班都知道王艺蒙的父亲去年刚刚去世，由妈妈一人给别人打零工挣钱养活姐弟二人，所以他们很少有零花钱买零食吃。突然她好像想起来什么似的，自言自语地说："还是不买了，攒起来，妈妈赚钱很不容易，以后买点有用的……"我看着她向教室走去的背影，深深体会到了"穷人的孩子早当家"这句话。

我从回忆中醒来：丢钱了！还是在教室丢的，这可不是什么好事！我整理了一下思绪：首先要弄清楚事情的真相。我对王艺蒙说："好好找找，是不是不小心掉到哪里了？”“都找过了，没有！刚才检查作业时还有呢！”她抽咽着说。

很明显，钱应该是在教室里丢的。我环视了一圈教室，看到学生们的眼神都很紧张。到底是谁拿了这五元钱呢？班级从来没有发生过这样的事情，一时间让我不知所措！不能让学生们心里有负担，一定要找到！我在心里暗暗地说。

“同学们，谁看到王艺蒙的五元钱了？”没有人回答……“大家在自己的座位周围找一找，看一看谁最细心，帮助同学找钱……”实际上，我就是想给拿钱的同学一个机会，可是几分钟过去了，还是没有结果。我开始问每名学生：帮学委想一想，五元钱丢在哪里了？可还是什么也没有发现……时间一分一秒地过去，我的心里很焦急。我在揣测拿钱学生的心理，他一定是一时冲动，现在他害怕了、后悔了，想拿出来，但又怕被老师批评、被同学笑话……怎么才能既找到钱又不伤害拿钱同学的自尊，给他一个改过的机会呢？

我突然想起前两天看到的一则新闻：那是在漆黑的夜晚的一辆公共汽车上，一位乘客发现手机丢了，他要求司机把车开到派出所，司机却说：给这个人一次机会吧。于是司机就把车内的灯关了，过了一分钟，当再打开灯时手机找到了……

想到这里，我决定试试这个方法。于是我说：“同学们，谁拿了钱，老师相信你不是有意的。老师会替你保密的，相信老师，你还是个好孩子！现在，同学们都趴在桌上，不许偷看，没拿钱的同学不要动，拿钱的同学抬头看我一下！”“好，现在开始！”

只是十几秒钟，真的很漫长，教室里静得让人窒息，我都能听到自己和孩子们的心跳……我在心里祈祷：一定要战胜自己，勇敢地面对自己的错误！

这个时候，我期盼已久的一幕出现了：一名学生轻轻地抬起头，我们对视了一下，他又重新趴在了桌子上！这时我强忍着激动，尽量平静地说：“大家睁开眼睛，坐好吧！”“上课，同学们好！”我略带颤抖的声音喊道。教室里回荡着：“老师好！”

事后，那个孩子在交作业的时候交给我五元钱。他说，他是在操场上捡到的……我并没有揭穿他的谎言，只是对他说了一句话：“知错就改，善莫大焉！”我履行了自己的诺言，替他保守了只有我们俩知道的秘密，一直到今天……这个孩子已经考上了比较不错的大学，听说孩子现在很优秀，我感到十分欣慰。

这些年过去了，我始终不能忘记我和那名学生对视的那一瞬间。他的目光里充满了信任，还有一丝歉意，好像找到了可以倾诉的对象；那目光中还有一种渴望，渴望被理解、被原谅。我从这件事里也深深地明白了：爱是最好的教育，尊重与宽容是对孩子最好的爱。

让孩子的心中充满阳光

刘忠莹

昨天的语文课上，当我讲到“我相信每名同学身上都有闪光点”时，一名学生竟然情不自禁地脱口而出：“老师，我身上有闪光点吗？”我听了这声幼稚的发问，感到心里一颤，于是循声而去，哦，原来是凌志涵同学。这时他的眼神中充满期盼，脸上露出疑惑的神情。望着他一脸的纯真，我立刻说：“凌志涵同学，你身上怎么会没有闪光之处呢？你热爱劳动、乐于帮忙同学，还有诚信的可贵品质。”当我表扬他拥有诚信的品质时，不少学生立刻举手反对，纷纷指责他言而无信，还列举了许多事例加以说明。但我依然为他据理力争：有一次放学，我请凌志涵留下来补作文，但临到放学时，突然有家长找我谈事情，凌志涵找了我好几次都没找着，于是写了张留言条，说第二天一早到校后立刻交作文本。第二天一早，我刚踏进办公室，他就来交本子了。可见，他是个有诚信的孩子。尽管他做过不诚信的事，但只要诚心改过，他依然值得大家信赖。学生们被我的话打动了，没有再站起来反驳，这时凌志涵低下了头，似乎在反思，似乎在为以前所做的事感到惭愧。

下课回到办公室，我也在反思：凌志涵是一个学习成绩比较差的孩子，分数经常在及格边缘，有时一不留意就滑向不及格，我明白他会经常受到同学的嘲笑，因此他的心里是自卑的。由此想到：一个总是低着头、弯着腰走路的孩子，他的骨骼必然会变得弯曲；同样，一个自卑的孩子，在人前人后抬不起头来，他的心灵也必然会出现不同程度的扭曲。一个孩子，需要昂起头来走路，需要昂起头来做人，我感觉到这是多么重要！课后，我找他谈话，鼓励他学会面对现实、接纳自己，并要善于扬长避短，发挥自身优势，找到属于自己的快乐。

在这天的语文课上，我欣喜地发现凌志涵勇敢地举手发言了，尽管他所答的问题很浅显、很简单，尽管他的回答在其他学生眼里算不得什么，但他能主动站起来发言，可见他的心里开始拥有阳光了，虽然只是斑斑点点的阳光，但我相信，从今以后凌志涵不再是低头弯腰的孩子，他必定会是个抬头挺胸、坚强而快乐的孩子。

一位教师没有潜力点燃火种，但绝不能熄灭火种！对眼前这些充满好奇和天真的孩子们，要珍惜，更要努力让每个孩子的心中充满阳光，让每个孩子在爱的抚慰下快乐成长。孩子的心灵是纯洁而美丽的，如水晶；孩子的心灵是脆弱而易碎的，如玻璃。作为教师，我们不但要欣赏他们水晶般的心灵，更要保护他们像玻璃一样易碎的自尊。

倾听花开的声音

孟卓菲

由于工作调动我来到了新的学校、新的班级，和之前一样，我面对的都是低年级学生。在这个班级的班主任休产假之后，先后有两位教师来代课，因此孩子们对于眼前的我并没有表现出太多惊奇。

开学的新书发完了，我站在教室里仔细观察着每一名学生。一个小男生走进了我的视线，他叫逃逃，留着时下流行的发型，小小的嘴巴夹在两片肉肉的小脸蛋儿下，露出几颗洁白的小乳牙，样子可爱极了，看上去应该是个活泼外向的小男孩。但是，当我试图与他聊天的时候，让人出乎意料的是，这个小男生说话的声音很小，似乎很胆怯，这与他的外形简直不相称。那天晚上躺在床上，逃逃怯懦的表情让我睡不着，他说话的声音轻得似乎听不见。我感到很奇怪：是什么原因让这个看上去活泼的孩子缺少自信呢？我怎样才能让他自信地在他人面前说话呢？

我试着去向他的家长了解情况，后来我才知道，原来逃逃在幼儿园时也是一个爱说话、爱问为什么的孩子，就是因为有一次回答问题时出错了，孩子们嘲笑了他，从那以后，无论问题多么简单，他都不敢在课堂上举手回答了。同学们的嘲笑声划破了这个孩子稚嫩的内心，给他留下了一条自卑的伤疤。

怎样才能让逃逃再次成为阳光自信的小男子汉呢？我开始关注他课堂上的表现，课上我总是把一些简单的问题留给他来回答。刚开始，他的声音小得可能只有他自己知道自己在讲什么。我并没有着急让他坐下，而是走向他并把耳朵靠近他，认真地听他每次回答的问题。我对他说："你真棒！回答得真准确！可不可以大点声把你的想法分享给其他同学呢？"他的手指抠着书角，脸颊红红的，牙齿使劲地咬着嘴唇……看到他紧张的表现，我没有催促他，而是微笑地看着他，朝他点头，用眼神告诉他，他一定行！他抬起头看着我，迷茫的眼睛里好像多了一丝丝坚定，终于，他试着又讲了一遍，声音真的比刚开始大了一些。我故意对其他同学说："逃逃的声音与昨天相比有没有进步？"孩子们都异口同声地说："有，比昨天声音大多啦。""那就请你们把掌声送给他吧，他回答得非常好！"这时我看到了逃逃的脸上有了些小小的成就感。我每天都这样找机会去鼓励他，慢慢地，他真的开始有所改变了。

在分配值日工作时，我特意给他分配了擦窗台和讲桌的任务。我发现他劳动的时候非常认真负责，我顺势当着其他同学的面表扬了他，并让其他同学向他学习。他有些不好意思，低着头微笑着走回自己的座位。从他的表情中可以看出，他是非常开心的。这份开心是获得他人肯定的开心，是获得认同的开心，我仿佛看到了他内心中的那条小伤疤在慢慢消失，我感到很欣慰。

有一天，我看到班级的水盆中有脏水却没有人去换上干净的水，我就问孩子们："谁愿意负责更换水盆里的水？"在众多的小手中我看到了逃逃举起的手，我有些不敢相信自己的眼睛，又问了他一次，他坚定地点点头。在那一刻，我的心里甚至有点激动，因为我真的看到了逃逃在改变，他可以主动举手发言，回答问题时不再胆怯，而且愿意主动承担班级的责任，渐渐地变得开朗自信起来……

逃逃妈妈感觉到孩子找回了自信，对我说："孟老师，我儿子太喜欢你了，每天回家都跟我夸你，说你总是鼓励他，我感觉在你的帮助下孩子已经在改变了。谢谢你给孩子带来的改变，这对孩子的成长太重要了。"听着逃逃妈妈的话我感到非常温暖，同时又感到很自豪。

第斯多惠曾说："教学的艺术不在于传授本领，而在于激励、唤醒和鼓舞。"逃逃的转变，对我来说是一种肯定，更是一种激励，让我这个刚入职不到一年的老师更加充满对教育事业的热爱。只要静下心来教书育人，播撒爱的种子，就会听到花开的声音。

爱的温暖

乔凤卓

古人云："亲其师，才能信其道""感人心者，莫先乎情"。学生是有人格尊严、有思维、有情感的人。"情"的投入是教师工作的内在要求，情到深处，学生内心世界的大门就会向你敞开，他有话愿意和你交流，有困难愿意请你帮忙，有苦闷愿意向你倾诉。你的"爱"他能领悟，你讲的道理他能理解，你指出的缺点他愿意改正，从而产生强烈的情感效应。

作为一位班主任，我们不要把自己扮成"庙堂之上"的严师，不要以为这样就能让学生敬畏三分。开始担任班主任时，我天天板着脸，用严肃的面孔对待学生。特别是对待后进生和调皮捣蛋的学生更是如此，一旦见到他们有什么不良行为，立即当面呵斥，当时我还觉得自己的工作做得很及时、认真负责。但是我没有体会到我在学生心目中的地位是一天天降低的，慢慢地，我觉得与他们心灵的距离越来越远。在一次"与你交流"的班级活动中，很多学生都写道："老师，你对后进生太苛刻了，所以大家都不喜欢你。"我幡然悔悟，如果长此以往，班级里的这部分后进生我将永远无法转化。从那之后，我开始着手改变自我，一点一滴地拉近与学生心灵的距离。我开始打心眼里关注他们、关心他们，遇到事情不再只是呵斥他们，而是先站在他们的角度看问题，让他们自己陈述事情的来龙去脉，给予他们发言权。我发现这些问题孩子不再像以前那样讨厌了，他们每个人身上都有闪光点。

我班的王佳同学，性格内向、孤僻，喜欢独来独往，学习成绩差，每天都不按时完成作业，班里的同学都不喜欢和她一起玩。了解了这个状况，我开始关注她、关心她。通过多方面了解，我知道了原来她是单亲家庭，父亲经常喝酒，她和爷爷奶奶一起生活，而且她经常被父亲打骂。她对父亲喝酒很反感，但又不敢说。了解到这一状况，我先把孩子的父亲叫到学校跟他沟通教育孩子的方式方法，给他讲解长期酗酒对孩子身心的影响，并耐心劝其戒酒，鼓励他好好培养孩子。每个家长都希望自己的孩子能成才，这位父亲也是如此，只是他的方式方法存在问题。通过我的开导，这位父亲向我保证以后尽量少喝酒，经常关心孩子的生活和学习。此时，我能想象到王佳那种没人理解、没人倾诉、没人安慰的痛苦心情。这也是她长期把自我封闭在黑暗的内心世界里的原因所在。

对于王佳，我不打算对她进行安慰，我怕揭开她的伤疤后，她会排斥我。我从生活中的点点滴滴开始关心她，她忘带作业要去打公用电话时，我就把我的手机借给她；她忘带钱无法吃饭，我就借钱给她；她作业不会，我就让小组组长帮助她。只要她有一点点进步，我就表扬她。由于学习成绩差，她一向抬不起来头。为此，我经常利用课余时间给她补习语文、数学。慢慢地，我看到她脸上有了笑容，看到了她学习上的不断进步，她碰到我就会主动问候“老师好”。在一次家长会上，我当着所有的家长表扬了她，并且开完会后单独把她留下来。她主动跟我说：“老师，我数学能跟上了，但英语还是跟不上，你能不能跟我爸爸说说，让他找位老师给我辅导辅导。”一句简单的话语，让我看到了她内心努力向上的劲头，看到了她那紧闭的内心世界正在慢慢地打开。我明白这段时间我的努力没有白费，而且，我也慢慢地喜欢上了这个性格内向的孩子。从那之后，我经常表扬她，小到值日、作业，大到考试，从她脸上我看到了自信的笑容，从她的身上我看到了努力进取的精神面貌。

我做的这一切其他同学也都看在眼里，慢慢地，我感觉到他们对我越来越信任，看到了他们对我越来越尊重。他们在周记写道：“老师，您变了！您变得容易接近了。我能跟你说说心里话吗？老师，今天我碰到一件事情……”我明白我与孩子的心灵距离越来越近了。

每个孩子都有一座属于自己的乐园，如果我们不能发现它，那是因为我们还缺少一双智慧的眼睛。我们要热爱每一名学生，学习好的要爱，学习一般的要爱，学习差的更要爱。那些学习有困难、性格有缺陷的学生，其实更需要老师的引导和温暖的鼓励。只要用我们的真心去温暖每一名学生，用关爱去浇灌每一颗稚嫩的心灵，那么每朵花都会绽放熠熠光彩，我们也将收获整片天空。

爱是一种流动的能量

任宇晴

一场春雨洗礼着心间，一滴滴滋润着心田。

当我第一次站在孩子们面前时，我倒像个孩子，一切都让我感到新鲜好奇。时光荏苒，从对教学环节生疏到逐渐适应教师角色的蜕变，从与学生温婉亲切的相处模式到严厉无私的呵护，从一名村小教师做到中心校的班主任，这一年多的教学时光，有一段青涩的回忆，让我这一生都无法忘记。

一方黑板，两寸粉笔，三尺讲台，四季风霜，五更不眠，六经勤读……默念着这条“行知”路，我踏进了曹田屯小学的大门。这一切与我想象中的不太一样，穿过一条崎岖的乡间小路，站在水泥筑成的校门口，透过锈迹斑驳的大门望向校园，石土浑成的操场，操场两侧整齐排列着的平房，这一切映入我的眼中，心中吹来一丝丝凉风。进入校园后发生的故事，就像一阵温暖的风，吹暖了我心里的每一处角落。

刚到学校，同事向我简单介绍了这里的情况后，我和校长一起踏进了二年级的教室。望着一双双渴望的小眼神，我和这八名同学结下了深深的师生情。一开始的相处并不是一帆风顺的，从他们的学习方法到生活习惯，我们一点点磨合，力争做到最好。当然，所有的付出都会看见曙光，我认为，孩子从小养成好习惯与取得好成绩同样重要。

班里有个叫刘含月的孩子，让我来讲讲她的故事吧！第一次见到这个小女孩时，她便给我留下了深刻的印象。一头蓬乱的短发，不整齐且满是污渍的校服，脏兮兮的小鞋子，说起话来唯唯诺诺，走路的样子畏首畏尾。也不知道是什么魔力，我一心想改变这个孩子，那就从小事做起。每天，我总能看见她顶着乱糟糟、脏兮兮的头发来上学。一到放学，我都会给她安排任务，晚上把头发洗干净，早晨将头发梳好再来上学。然而，每天的情况都是一成不变的。我想，那就“大动干戈”，我来帮她洗头发吧！上午我便给她安排好了任务，中午回家吃完饭后带着洗发水和毛巾来学校。吃过午饭后我就烧了壶热水，刘含月也准备好了我要她带的东西，我倒好了热水摸了摸水温，刚刚好。教室里，大家七嘴八舌地议论着，刘含月害羞地配合我搞好了个人卫生。这件事过后，可能是触碰到了孩子的内心，她开始在意自己的卫生和习惯，甚至是学习。她不仅改掉了生活和学习上的坏习惯，还练就了一手好字。一个学期过后，她的成绩也逐渐提高了。

日子按部就班地过着，一天放学后，一位母亲在校门口张望着，她似乎很着急，似乎在寻找着谁。同学们开始碎碎念，刘含月的目光却呆住了，原来那是她的妈妈。后来经过了解，才知道她的爸爸妈妈都在外地打工，刘含月是由奶奶一手带大的，奶奶年龄大了，还要操持家务和干农活，没时间管孩子。刘含月望着妈妈，泪水渐渐浸湿了她的眼眶，妈妈也流眼泪了。“妈妈要回沈阳上班了，给你买了新衣服和新书包，家里给你留了些零花钱，要听奶奶的话！”这简单的几句话，使我的泪水也止不住流了出来。我找到了她曾经养成坏习惯的原因，这就是好多农村留守儿童的现状啊！尽管学习和生活条件很艰苦，我却始终铭记冰心老师的话：“情在左，爱在右，走在生命的两旁，随时播种，随时开花。”

村小学习条件较差，为了孩子们的全面发展，体、音、美等课程，我都尽全力去准备，从而让孩子收获更多的知识。还记得“六一”儿童节时，我为孩子们精心编排的歌舞、小品，孩子们的表演让我看到了课堂之外更精彩的他们。

新的学期，我来到了新的工作环境，告别了土操场，告别了生炉子的教室，这里的生活与之前相比是崭新的。新的班级有六十一名同学，这与之前的数字相比是成几倍的。孩子多了，问题也多了。我始终坚信，有教无类，我不会放弃任何一名学生。

刚刚接手这个班级时，听到了许多流言蜚语，然而，和孩子们相处了一段时间后，我的所见与所闻却有所不同。一个叫王跃坤的孩子，他的改变是大家看在眼里的。曾经调皮、不爱学习的他，被爱与关怀所感化，如今成了一个热爱劳动、热心助人的孩子。有一天午饭时间，大家都捧起自己香喷喷的午饭，我见他迟迟不动，于是走上前去，问他：“你怎么不吃饭呀？”“老师，我写完作业再吃！”

老师是灯塔，指引学生夜行的路，纠正他们偏离的航向。在他们成功时，用殷殷教导使他们认识到有比脚更长的路；在他们失意时，帮助他们重拾旧梦。在我的心灵深处，始终有对教育事业的满怀忠诚，有对学生的滚烫爱心，我坚韧，我奉献，我无怨无悔……

把爱传递给每一个孩子，将爱的种子撒满校园，撒遍孩子的心田！

小学信息技术教学叙事

宋思雨

我从事学校的信息技术教学工作已经快一年了，在这一年里，我一边教书一边学习，一直在致力于寻找一个合理且有效的方法来上好每一节信息技术课，让孩子们在每节信息技术课上能学有所乐，并学有所获。因信息技术课不同于在教室中的上课模式，学生在信息技术课堂上脱离了传统的课堂环境，其行为方式有了很大变化。电脑显示器阻隔了教师与学生的视线，加之小学生好奇的心理特点，使得信息技术课堂较难管理。以下就是我在教学过程中遇到的一件事情。

那是上四年级信息技术课时发生的事，教学中有一节课是用Word输入中文的练习。对于四年级的孩子来说，因为有了三年级练习打字的基础，所以课并不难教。为了激发学生的兴趣，我让他们输入一首自己喜欢的歌词，于是学生就像预期的那样很快地投入到打字练习中去。但是在上课十多分钟后，一名同学嚷嚷起来："老师，他把我打的所有字给删掉了！"我走过去一看，原来旁边的同学弄了他的电脑，操作已经恢复不了了。我看着这名捣蛋的同学，发现他一个字都没打，而且嬉皮笑脸的，一副满不在乎的样子，我的脾气一下子就上来了。这一发现，让我有了杀鸡给猴看的想法，也想利用这个机会挫一挫他的锐气，树立教师的威信和尊严。就在我想好好教育他的时候，一名学生跟我打报告："老师，他就是这样，什么都学不好，我们班老师都不管他了！""嗯？"愣了一会儿，我没想到是这种情况，什么都学不好，是不是也说明他对拼音的输入有困难？我一开始以为是这名学生不听教导，故意影响其他同学，故意与老师为难；但如果打报告的学生的说法是真的，那么很可能是因为他拼音不熟悉而导致不愿练习打字。如果我蛮横地惩罚这名学生，也会让另一些拼音较差的学生心中觉得委屈，认为老师教育粗暴，长久下去，在上信息技术课时很可能还会出现其他意想不到的事情。想到这里，我用商量的口吻问他："如果你不喜欢打字，那么做金山打字通的拼音练习可以吗？里面有相关的拼音提示，另外，还可以帮助你回忆正确的键盘指法。”他愣了一下，显然没想到我居然没有批评他，他的脸红了，点点头答应了。接下来，虽然他打字的速度依然很慢，但是没有再影响其他同学，而且他练习打字的态度非常认真。

在信息技术课堂上，学生有的时候会过分“活跃”，对教师布置的任务更是“充耳不闻”。教师要如何应对这些现象呢？当学生没有按照教师预设的方向去做时，老师首先应该关注原因。在这件事情中，通过了解，学生并不是故意要去影响其他同学与教师“唱反调”的，而是另有原因，或许是因为自尊心的关系，所以做出了反常的事情。如果我当时勃然大怒，不但解决不了问题，还会让这名学生更加叛逆。那么，他不仅在这节课上学无所乐、学无所获，很可能导致他在以后信息技术课的学习过程中都一无所获。因此，在教学中，教师要抛开成见，找出学生的闪光点。遇到学生纪律出现状况时，要找出原因，对症下药。

多一份关爱，多一份引导

唐川宁

走出校门，我有幸成为“人类灵魂工程师”中的一员，从事着太阳底下最光辉的职业——教师。参加工作以来，我勤勤恳恳，兢兢业业，无私奉献，无怨无悔。

与学生谈心是家常便饭。我认为与学生谈心，是班主任与学生心灵的交流，是一种情感的沟通。在这个过程中，如何才能正确引导学生，既可以让学生敢于说出自己的心里话，又可以让学生比较愿意接受呢？首先，要做的就是找准谈心的切入点，我认为这是谈心成功的重要前提。

我班的史祥毓同学去年因胳膊骨折在治疗时出现医疗事故，进行了3次大手术。开学初去北京做最后一次手术，六月中旬回到学校上课。在史祥毓来上学的前一天，他爸爸找到我，为难地说：“老师，孩子因为手术胳膊上有一条10厘米左右的疤，怕别人看见笑话。他有些自卑，能不能每天带冰袖上学？”我同意了。第二天孩子来上学时，我把他叫到没人的地方问他：“孩子，手术疼吗？你哭了吗？”他说：“疼，但我没哭。”我借机夸他勇敢、是个小男子汉等（以增强他的自信心）。接着我问他：“能让老师看看你的胳膊吗？”他毫不犹豫地把胳膊伸给我看。当看到那条伤疤时我的心一紧，那是一条粉色的、难看的疤（此时我理解了孩子为什么要带冰袖上学）。我想我应该走进孩子的心里帮助他建立自信。然后我说：“孩子，看见这道疤我就知道你是个真正的男子汉，手术时你没哭说明你非常勇敢。如果换作是我肯定吓坏了！咱可不能因为这道疤自卑呀！这道疤是勇敢的象征、是男子汉的象征。别人都没法跟你比，你可太厉害了！”（此时我看见了他充满自信的目光）我赶紧问：“孩子，以后上学咱不带冰袖了，行吗？”见他有些犹豫，我又说：“老师不强迫你，等你什么时候自己迈过心里那道坎儿，把冰袖摘掉时，老师会当着全班同学的面表扬你，好吗？”他笑着点点头跑开了。几天后的一个早上，刚进教室，我就发现史祥毓没带冰袖，还笑呵呵地看着我。我在全班同学面前表扬了他，当时他笑得像朵花一样，好开心啊！其实我比他还高兴，他解开了自己的心结，不再因为那道疤而自卑，更不会因为那道疤而烦恼了！

多年的班主任工作，使我更加明白了自身责任的重大。“路漫漫其修远兮，吾将上下而求索。”愿我的爱能够春风化雨，滋润每名学生幼小的心田，让他们像幼苗一样茁壮成长。

大拇指的神奇效应

王　岚

在去年的12月份，发生了一件使我印象非常深刻的事，我把这个事件命名为“大拇指”的神奇效应。

紧张的12月份，教室变成了师生的战场，气氛热烈却潜藏着小小的危机。期末考试使得每名学生压力巨大，他们害怕考不好而受到老师和家长的责怪，也让自己心里不好受。学习成绩好的同学学习更加努力、拼搏；那些所谓的“差生”开始沮丧、失去信心，厌学心理渐渐蔓延。

有个小男孩是全校出了名的捣蛋王，有人称他为“光头强”。他平时经常惹是生非、顶撞老师，也厌恶学习、成绩很差，令其他教师很头疼，同学们也不喜欢他。因此，我决定接近他、改变他。在期末的活动和学习中，我寻找一切机会。有一次，我发现他非常有表演天赋，我就利用一次课后时间，在同学们的掌声中让他登台表演，我和同学们都为他举起了大拇指，引来许多同学的赞叹。他不好意思地直摇头，但我从他的眼神中看到了从未有过的自尊、自爱、自信。

随后我把这种赏识教育用到了复习课上，我的大拇指在课堂上频频举起，不仅对他，也对每名同学，对“差生”用得更加频繁。因为我的大拇指，同学们在学习上变得主动了，课堂中频频参与活动，学习成绩节节上升，捣蛋的毛病也改了许多。他的转变使我认识到教育无所谓“好学生”与“坏学生”。人的品行是可以转变的，只要赏识就会成功。不是好孩子需要表扬，而是表扬会使孩子越来越好；不是坏孩子需要抱怨，而是抱怨会使孩子越来越糟。很多孩子看起来刁蛮任性，不是因为他们是坏孩子，而是因为他们受到了太多的不公与伤害。

这次经历使我明白了，这些差生在失去信心时，你的大拇指会给他一根救命稻草，照亮他的一生。我想只有走进学生的心灵，才能走出教育的误区；只有站在学生的角度，翘起你的大拇指，才能挽救更多的孩子。

孩子的心灵都是纯洁的，调皮的孩子也不例外。只要我们做老师的对他们多一些关爱，多一些耐心，也许一个眼神或一个提示，都会产生意想不到的教育效应，让爱走进学生的心田，让世界弥漫爱的芬芳。

我们的孩子都是天上掉下来的天使，他们单纯、他们快乐、他们知足，我只是一位普通的教师，今生不会拥有金钱，不会拥有名誉，不会拥有权势与地位，但我却拥有一群可爱的孩子。我愿意在教育这块沃土上，让每朵残缺的花朵都能吐露芬芳，让每只折翅的小鸟都能展开翅膀飞向更广阔的天空。

学会利他

刘　地

经常有人问，在孩子长大成人的过程中应该如何培养他们？答案有很多：帮助他们拥有良好的品行、健康的体魄、优异的学习成绩……这些都对，但不全面。一个人想要实现自我价值，立足于社会并成为受大家欢迎的人，仅做到这些是不够的。我们身上都缺少一种意识，叫利他。其实，我们从接受教育起就应该有这种意识，小学时期是一个人树立价值观的关键时期，教育者的导向更是至关重要的，要引导学生做到纯粹地利他。

从业三十余载，最难忘的就是做班主任的日子。有个学期我担任只有11名学生的班级的班主任，这个班和以前三十多人的班级相比安静多了。可通过一段时间的相处发现，同学们的自私行为很严重，即使是学习成绩名列前茅的同学也不例外。当时流行一个词，叫独生子女，而他们就是这样一个群体。

我们班有个叫高壮的同学，他是一个十分聪明的男孩，他思维活跃，上课积极发言，每次作业都能保质保量地完成。可当他的同桌向他询问问题时，他从来不给予帮助，还说“我会做不会讲”。他不仅学习上不愿意帮助别人，连值日也是这样。他和另一名同学一组，一人扫地一人倒垃圾，有一天倒垃圾的同学没有来，等到快上课的时候垃圾还堆在教室门口，当我问他的时候，他说：“我不是倒垃圾的！”

眼下的情形已不允许我再放任不管，于是我取消了这节课原本的教学安排，给同学们讲了一个寓言故事：人和上帝谈论天堂和地狱的问题。上帝对这个人说：“来吧，我让你看看什么是地狱。”他们来到了一个有一群人围着一大锅肉汤的房间。每个人看起来都瘦骨嶙峋，饥饿又绝望。他们都拿着一只可以够到锅的汤匙，汤匙的柄比他们的手臂还要长，他们没法把食物送进嘴里，样子十分痛苦。

“来吧！我再让你看看什么是天堂。”过了一会儿上帝说。他们进入另一个房间，这里的环境和第一个没什么不同。一锅汤，一群人，一样的长柄汤匙，但每个人都显得很轻松，吃得也很愉快。这人问：“我不懂同样的环境下，为什么两个群体的生活状态是截然不同的？”上帝微笑着说：“很简单，因为他们会在自己的能力范围内去尽力帮助别人。帮助别人的同时，他们自己也感受到了人与人之间的温情。”

故事并不复杂，却蕴涵着深刻的哲理和强烈的警示意义。同样的条件，为什么一些人将它经营成了天堂，而另一些人却将它变成了地狱？关键就在于，你是选择共享还是独占。同学们若有所思，随后我立即提到了刚才高壮同学的行为，但没有对他进行指责，只是以他为例让学生们明白：人与人之间是相互平等的，任性、自我的人不会受到大家欢迎，要记得做人不能过于自我。

在此后的教育教学活动中，我有意识地为学生创设一些小组合作、同伴合作的活动，让每个人都融入到活动中去，日子久了，自私自利的现象也慢慢减少了。一个人在特定的时间和空间条件下，以牺牲自己的个人利益来促进其他人的发展变化，这便是利他。

教育是永恒的，它没有因我们走出校门而停止，我们接受的教育也不会随着时间的流逝而消退，它是可以让人受用一生的。一个生活得随性有品质的人，必定懂得“做人要利他”的道理。

爱处无声

——“零落成泥碾作尘，只有香如故”

杨 迪

我是一位教师，所以我要更懂得爱，爱每一个孩子，爱身边所有的人。当我走在校园里，看到一个个孩子在操场上玩耍时，我会不由得停下脚步，会多看一眼，会多叮嘱一句。

每天早晨看见一张张纯真快乐的笑脸，那便是最美好的事情。为了这份纯真，我愿意付出，只愿到处芳香弥漫……

爱如空气，人人都需要，我们只会嫌少，不会有谁嫌多。转眼间我已经带了一个毕业班，这也让我深深地体会到在教育生涯中爱的力量是多么伟大，多给学生一份爱，回报给你的将是满满的惊喜和快乐。学生小帅是一个很调皮的学生，脾气倔强，你说一句，他会有千百句话等着你，他经常有意无意地把小女生弄哭，他确实是让我感到比较头疼的一个难题。但是了解了他身上的故事后，你会觉得这样的孩子怎么能让我不多疼爱他一些呢？

故事从他的幼儿时代便已开始：妈妈从小抛弃了他，他对妈妈这个角色，甚至这个词都是抵触的。他家里的经济条件不好，爸爸常年在外地打工，是爷爷奶奶照顾他长大的。爷爷奶奶觉得孩子没有妈妈，爸爸又不在身边，孩子可怜，舍不得打、舍不得骂，慢慢地使他养成了一种无拘无束又倔强的脾气。

孩子已经长大了，自尊心很强，我想尽办法让孩子主动跟我交流，试图走进他的世界。当我看到《生命列车》这个视频的时候，我的心里一下子就敞亮了，这也许就是打开我们之间隔阂的钥匙。中午休息，我借机给孩子们播放了《生命列车》这个视频，刚开始他不以为然，慢慢地他把头埋在了双臂间，我知道他哭了，由默默地抽泣到哭得稀里哗啦。当我走到他身边的时候，他哭得更是撕心裂肺，我知道这个视频触动到了他的心弦。我轻轻地坐到他的身边，轻轻地张开双臂抱住了他，又轻轻地拍拍他的后背，我没有说话，我在等着他发泄。他挪了挪身子，也深深地抱住了我，我知道他把最柔弱的一面放心地交给了我，我也就不能辜负他的信任，我向其他同学摆摆手，让他们都去操场上玩。这时的教室里只有我们两个人，他在撕心裂肺地哭泣，而我在默默地等待。

不知过了多久，哭泣的声音越来越小，直到他能完全控制自己了才慢慢地离开我的怀抱。他抬起头看了看我，又不好意思地低下了头。我拍了拍他的小脑瓜儿，对他说："现在没有人了，能跟我说说你为什么这么伤心吗？""老师，我……""没关系，不想说也不要紧，你只要记住，不管遇到什么样的困难，老师都在。"等了一分钟，他没有再开口，我准备起身的时候，他说："老师……我没有妈妈，准确地说是妈妈不要我了，从小就不要我了。"他低下了头，接着又说："我觉得其他同学都在嘲笑我，都在笑话我妈妈不要我了……""傻孩子，怎么会呢？我们是一家人，没有人会嘲笑你。"他歪着小脑袋看着我，我对他微笑地点点头，"是真的！""孩子，妈妈孕育了你十个月，忍着剧痛把你带到这个世界上，妈妈是爱你的，只是每个人表达爱的方式不同。你要理解妈妈，更要知道心疼照顾你长大的爷爷奶奶，他们上了年纪，你应该帮助他们，而不是处处与他们作对，能做到吗？"他坚定地点了点头。"老师相信你，慢慢来，相信你一定会懂得去爱身边的人的。"他终于露出了小白牙。

之后的每一天我都观察他，他从最初跟同学们和平共处，到现在乐于助人，到不再犯错误，每天他都在变化着，他脸上的笑容多了，也不再有倔强的神情了……

这样的笑容真好，这样的芳香弥漫了整个班级、整个校园，甚至每个人的心田！

爱生智慧

杨 欢

花儿谢了，有再开的时候；草儿枯了，有再绿的时候；燕子飞了，有再来的时候……但是教育如果失败了，我们只有后悔的时候。

因为想当一名教师，所以我选择了小学教育这个专业。2013年毕业后，通过教师招聘考试来到了钢屯中心小学。在领导和前辈们的帮助下，凭借对工作的热情与执着，我在一点点成长，也在一点点收获着……

2017年，我接手了一年级新生。记得第一次见到霖霖是在一年级入学考试的时候，为什么能记住他呢？因为在考试时他是唯一一个不会写自己名字的孩子。当时我就在心里暗暗祈祷，这个孩子千万不要分到我的班里。可是怕什么就来什么，当我接到班级的名单时，霖霖，45分，全校倒数第一。当时我随口抱怨了一句“这孩子可真够愁人的”，刚巧被我们校长听见了。校长语重心长地对我说：“那也不一定，他在学习方面一般，不代表在别的地方不行，千万不能看到成绩就一棒子把孩子打死……”我点点头笑了。

开学第一天，霖霖身穿一件白色T恤，一条黑色短裤，点到他名字时他紧张地看着我。我心想，别着急，要先找他的优点。可是一天、两天、三天、很多天过去了，他身上的优点还是没有被我发现。上课坐不住，不会听讲，就连别人刚回答的问题让他再重复一遍也不会。科任老师还向我反映他上课经常找别的孩子聊天。下课的时候也没有人愿意和他玩，因为他玩不好游戏……总之，他跟“好学生”这三个字根本不沾边。我实在是控制不住了，于是联系了霖霖的家长。霖霖妈妈中专文化，对孩子的教育也很重视，我向她反映了孩子在学校的情况，她也告诉我孩子真的是零基础，但是她一定会配合我的工作，让孩子能有所进步。有了家长的理解，我便有了更大的信心和勇气。我给霖霖安排了一个比较优秀的孩子做同桌，没事就给他开小灶，回到家里妈妈再带着他练习。日复一日的努力总算没有白费，至少23个声母都认识啦，再坚持一下绝对没问题。终于到了汉语拼音考试的日子，正好可以检验一下我们努力的成果。当我看到试卷时，心中暗喜，因为有几道题霖霖平时是会做的。可是考试结果却给了我当头一棒。5分？5分……5分！真真的5分。我顿时觉得束手无策了，因为我们的努力丝毫没有回报。

我该怎么办？如果放弃这个孩子，那么他可能就完了；如果不放弃，我该怎么办？怎样才能把他教会？一连串的问号在我的脑子里打转。终于，我想明白了，教师的任务除了教书更重要的是育人。虽然他的成绩实在很一般，但是如果他有一个健全的人格、良好的品格，何愁长大后无法生存？想开了，也就不纠结了！于是我选择了慢慢来。一个“了”字可能要教上一天，一篇要求背诵的课文可能要背上一个礼拜，一道看图列式计算可能要帮他分析一个月……就这样慢慢地来，最后在默字比赛时他竟然考了87分。霖霖在创造自己辉煌的同时，也为班级争取到了一张沉甸甸的奖状。

如今的霖霖，上课能坐好了，我说的话也能听进去了。尽管他的成绩依旧很一般，但是我想慢慢积累，每天提升一点点，他一定会不断超越自己的！

沙漠的壮观离不开沙石的掺拌，大海的广阔离不开水滴的陪伴，森林的广袤离不开大树的参天，而教育的伟大离不开爱的奉献。

爱在春天里生根发芽

杨雪娇

教育家巴特尔曾经说过："教师的爱如滴滴甘露，即使枯萎的心灵也能苏醒；教师的爱如融融春风，即使冰冻的感情也会消融。"我是一名美术教师，每当我看到孩子们的成长和进步时就会感动、骄傲，我愿倾尽所学，让孩子们在色彩与线条的海洋中徜徉。

记得我刚刚参加工作时，有一次在一年级三班上课，那节课讲的是《春》。讲完课布置好作业后，同学们都兴致勃勃地画了起来。当我巡视辅导走到教室的最后一排时，发现一个小男孩正拿着铅笔呆呆地愣在那里，我俯下身轻声地问他："怎么了？老师布置的作业要求没有听清楚吗？"他低下头，没有回答我，我又继续问："是老师留的作业不会画吗？没关系的，慢慢来。"我的话音刚落，旁边的小男生就大声对我说："老师，他脑子不好使。哈哈哈……"男孩儿的话引来了全班同学的哄堂大笑，我当时火冒三丈、涨红了脸，冲着全班同学大声呵斥："安静！怎么能这么说你们的同学呢？同学之间不是应该团结友爱、互相帮助的吗？"孩子们看到我情绪激动、眉头紧锁的样子都安静了下来，羞愧地低下了头。当我转过头再看这名小男生时，他的眼睛里闪烁着泪光，然后将头埋在了臂弯里，显得那么无助。我感觉到这颗受伤的小心灵渴望着我的关怀，我轻轻地拍拍他的头，关切地对他说："没关系的，老师来帮助你，慢慢画。"这位小男生缓缓地抬起了头，他用袖子擦干了眼泪，慢慢地拿起了铅笔。我根据这节课的题目问他："你觉得春天都有什么呢？"小男孩轻轻地说："树、花、鸟。""好，那我们一起完成这幅作品。"我握着他紧张并颤抖的右手，在他的图画本上画了起来，我们一笔一笔地画着……伴随着下课铃声的响起，我们的这幅《春来了》也完成了。小男孩看着灿烂的阳光下小蝴蝶在鲜艳的花丛中翩翩起舞，小鸟在嫩绿的柳树枝头歌唱，他稚嫩的脸上露出了灿烂的笑容。看着他重拾信心，我温柔地鼓励他："以后遇到困难不要退缩，勇敢地去面对，老师会帮助你的！"他会心地点点头，好似明白了许多。那一刻，我从他的眼里看到了他对我的信任。

事后我从班主任老师那里了解到，原来这个男孩是一个天生脑瘫儿，反应有些迟钝，讲话逻辑不清，手脚也不太协调，自理能力较差，平时生活基本上都要靠父母照顾。听了这些，我心里不禁一颤：多可怜的孩子啊！之后，每次我在上美术课时就会对他多一份关心和爱护，适当地降低学习难度，鼓励他动手去画、去做，有时还手把手地教他画。只要他能画出一个形状，不管是什么，我都及时给予表扬。渐渐地，他不再胆怯，也有了信心，上课总是很积极地举手发言，虽然他回答得不是很准确，但是我看得出他很认真和努力。

就这样两年过去了，在一次美术课上，我正在给其他同学改画，他从座位上走出来，小心翼翼地把他的图画本放到了我面前的桌子上。我抬起头看着他，只见他红着脸，用稚嫩的小手指着画说："嗯……老师，这是……这是我和我的好朋友一起完成的，您看看！"我低下头看着那张漂亮的画，青青的草地上有两个奔跑的小男孩，他们的手里牵着细细的风筝线，脸上挂着开心的笑容。我心里一颤：这是他画的？"老师，那个放风筝的小男孩儿是我同桌画的，天上飞的风筝是我画的……"他的小手局促不安地搅动着，眼中带着期盼，像极了想要得到妈妈表扬的孩子。看着整洁清晰的画面，我发现他真的进步了，也有了自己的想法，还有了朋友。于是我在全班同学面前夸赞了他的作品，并表扬了帮助他的同学，同学们都感觉到了他的努力和进步，为他竖起了大拇指。在大家的赞美声中，他的脸上露出了对生活的热爱和对美术世界的追求的神情，羞涩而又满足地走回了座位。这一路上，他骄傲地举起他的作品给身边的同学们展示，那一瞬间我的心暖融融的。

教育，因爱而美丽。教育，就是要爱每名学生，相信每一个孩子。在教学中多给学生一些鼓励，多给他们展示自我的机会。让教育的爱在孩子们的心里生根发芽，不急不躁，静待花开！

每天进步一点点

岳迎杰

从古至今，赞美教师的话语数不胜数，如李商隐说的“春蚕到死丝方尽，蜡炬成灰泪始干”，斯大林说的“教师是人类的灵魂工程师”，这些荣誉为教师这个职业带上了一个又一个无比伟大的光环。

十年前的9月1日，我带着一丝兴奋加入了这个平凡又伟大的队伍之中，开始了教书育人的征程。十年的教书生涯里，有哭有笑，有喜有忧，有我对学生的改变，也有我对学生的影响。其中有一件事让我记忆非常深刻。

我教四年级时，班里转来一名姓凌的男同学，高高瘦瘦的，总是低着头。来上学的第一天，他爸爸非常“诚恳”地对我说：“老师，这孩子你不用管，他在原来的学校不听课也不写作业，我给他送学校来是因为他太小，打工没人愿意用他。我想等他小学毕业后就带他到外面干活去了。”听完这些话，我多年的职业素养告诉我，这是个多么可怜的孩子。我没说什么，给他找了一个座位后，就继续上课了。果不其然，这名凌同学上课趴在桌子上睡觉，下课也不出去和同学玩。我找他谈话，他更是沉默不语。看着他一天天昏昏沉沉的样子，我暗下决心，伺机寻找他感兴趣的内容。有一次阅读课，同学们都从书架上选了一本课外读物来读，凌同学又要睡觉，我连忙走到他身边，对他说：“你也选一本吧！”“我认识的字少。”“没关系，你可以选一本插图多的来看啊！”他还是趴在那里，不愿起来。“来，老师陪你选一本！”我把他从座位上拉起来，拽到书架前。他迫于无奈，看了半天，才从书架上抽出了一本满是插图的《西游记》。看着他慢吞吞地走回座位，随意地翻看着，我心想：能迈出第一步，这就是个好兆头。接下来的几天里，我发现他有时在课上不睡觉了，偶尔会把那本绘图版的《西游记》拿出来看看。大约两周后，我觉得他看得差不多了，就组织了一次以“阅读收获”为主题的班会，让每名同学都说说最近这段时间的所读所感。轮到他时，他又把头埋得很低，沉默不语。“你也可以讲讲你在书中看到的故事情节。”我柔声地说道。他沉默了足足有5分钟的时间，终于开口了，低着头细声细语地讲了孙悟空大战红孩儿的情节。同学们都听得那么认真，静悄悄的教室里，全都是他一个人的声音。大约3分钟后，他停止了讲话。“凌同学讲得多好啊！我们给他鼓鼓掌吧！”顿时，教室里响起了一阵热烈的掌声。那一刻，我看到他的脸腾地红了。从那以后，我就经常寻找让他表现的机会，帮他重拾学习的信心。我秉着“每天进步一点点”的理念，利用自习课的时间给他补课，数学从竖式加减法补起，语文就带他从二年级课本开始学，每天学5个字。我还教他用字典查找一些不认识的字。我经常鼓励他说：“不要跟别人比，只要今天的你比昨天的你有进步就行。”那段时间里，我累并快乐着，觉得自己向当代教育家魏书生先生靠近了一小步。

五年级时，那个趴在桌上睡觉的男生不见了，在那个位置上出现了一双清澈的眼睛，偶尔还会举起手回答问题。

时间在笔尖的沙沙声中流逝。

小学毕业生发通知书那天，他爸爸找到我，高兴地对我说：“岳老师，我决定让孩子继续读初中，他现在愿意念书了！”从凌爸爸简单的言辞、朴实的表情中，我能看出他由衷的喜悦，我庆幸自己当初没有放弃这个爸爸眼中的“弃儿”。

十年来，“每天进步一点点”这个校训一直是我工作上秉持的理念；“不要跟别人比，只要今天的你比昨天的你有进步”，我也一直用这句话来激励着我的学生们。

我不知道我的学生们能走多远，但我相信，只要坚持“每天进步一点点”，就一定能走出去！

用心浇灌，用爱护航

张晶晶

我愿做一滴水/
我知道我很微小/
当爱的阳光照射到我身上的时候/
愿意无保留地反射给别人。

于是，在一个金色的秋天，一个稚气未脱的女孩，刚从校门走出，又迈进了另一所校门，登上了三尺讲台。从此，她便像一棵大树，再也离不开这群小鸟。当这个曾经的女孩再回首时，已过了十载春秋。这个女孩就是如今的我，一个平凡、快乐、幸福的老师……

蓦然间，耳畔反复响起我们的校歌："一步难登天，一步难开山……一点点，一点点，希望在眼前……"是啊，歌词写得真好。细细揣摩，这不正是我英语教学工作的真实写照吗?

"蜀道难，难于上青天。"

"学英语难，教好英语更是难上加难！"

因此，"认真做人，用心做事"成了我的不二准则。对于每天的英语教学工作，我从未有过一丝的怠慢，只怕会愧对"人民教师"这个称呼。我尽我所知，勤奋耕耘。在我的用心浇灌下，阵阵花香扑鼻而来，绮丽的鲜花直沁我心脾。

"一腔热血温故土，四季甘霖润嘉禾。"我无悔于我的选择。

脑海间猛然回忆起我做班主任时，有这样一个特殊的孩子：张越，一个身材瘦小、智力发育不全的小男孩。在班里，别的小朋友不爱理他，甚至嫌弃他。在与他妈妈的沟通中，我得知，张越还有个智力不如他的哥哥。张越从8岁开始说话，但从没说过一句完整的话，并且他的自理能力非常差。初为人母的我，能够深切理解张越妈妈的无助与心痛，所以我要帮帮这个可怜的孩子，尽自己所能去挽救这个风雨飘摇的家庭。带着不抛弃、不放弃的想法，我先是多与家长联系，多了解张越的习惯与各方面情况，后又咨询专业人士，学习如何与他交流，并制订计划对他开展特殊教育，以使他今后能像正常孩子一样学习和生活。一天中午，张越的午饭洒了一地，有同学告诉我说："老师，张越在捡地上的脏饭吃。"正在批改作业的我，一下子心疼地抱起了他，仿佛是在拾起地上的一颗珍珠。我说："越越，地上的饭脏，老师的饭给你行吗？""行。"他用含糊不清的言语告诉我。看着他吃得那么香，我知道此时的他是幸福的。在我的影响下，我们班的孩子们开始接近他了，而且我发现，张越开始主动扫地了，上英语课时会说"plane"（飞机）这个单词了。是啊，太阳每天都是新的。我想，对于张越，只要有新的太阳，就有我对他的付出，他就会有希望！

十载的教学生涯，使我深刻地认识到：教师的爱是滴滴甘露，即使枯萎的心灵也能苏醒；教师的爱是习习春风，即使冰冻的感情也能被消融；不是索取，不是交换，而是付出，是给予，是自我牺牲，这就是爱。有爱才有教育，因为有爱，教育才崇高。无私的爱，是教育的魂。

我一直在践行着自己的座右铭：师爱比天容万物，师德为地育群芳。我贡献的不是什么卓越功勋，但是我仍然会像魏书生先生说的那样："把自己平凡的工作当作宏伟的世界去研究，就会发现无穷的乐趣！""昨夜微风初渡河，今晨秋风凋青发。"我也在时刻告诫自己："只争朝夕，和谐教育，用心浇灌，用爱护航！""撑一支长篙，向青草更青处漫溯"，我将永不懈怠我的追求，我深信，终有一天，我会"满载一船星辉，在星辉斑斓里放歌"！

每棵苗都要茁壮，每朵花都要艳丽

张　洋

时光荏苒，转眼间接手五年一班已有半年的时间了。记得开学伊始，因为常用原班级学生的长处与现班级学生的短处相比，所以我很暴躁，常常乱冲学生发脾气，弄得自己也身心疲惫，常常偷偷地流眼泪。可是越是这样，越是事与愿违，学生越来越胆怯，甚至产生了逆反心理。他们与我渐行渐远，我的各项工作都难以进展。慢慢地我意识到事情的严重性，于是我静下心来调整自己，改变自己的教育方式。

我先努力做好班干部队伍的建设和教育工作。班级的同学被分成了四组，每组两名大组长，四名小组长，他们共同合作搞好班级的纪律、卫生和学习工作；每周五大组间进行比赛，获胜组会有不同的物质或精神奖励。本着“组荣我荣，组耻我耻”的理念，他们共同努力着。他们各自建立了自己组的微信群，每晚群里的同学们共同反思当天的不足，同时上传作业，交流学习。每晚大组长都会有温馨提示，这是他们努力的目标。渐渐地，我发现班级里出现问题时着急焦虑的是大组长、小组长、问题学生，而不是我。我1人的努力相比50人的努力简直是九牛一毛啊！有一天，鑫鑫妈妈给我打电话说：“老师，我真的很感动，我女儿的组长经常给我打电话，告诉我孩子的不足，提醒我在家应该协助孩子做什么。我女儿这学期不仅学习态度有所改变，学习成绩也较以前有很大进步，生活中也变得更懂事了……”就这样，每一名同学都在你争我赶中不断超越着自己。

班级的整体氛围改变了，我幸福着，同学们快乐着。于是我开始静下心来抓个别学生。班里的辉辉同学，因母亲离家出走，导致他的自尊心极强，不愿任何人提及“妈妈”这个字眼。而爸爸为了维持家庭生活做点小买卖，孩子的学习就这样被忽视着，分班时他的数学、语文、英语成绩均不及格。我认为想要改变孩子的现状，就必须先帮他建立自信，激发起他的学习兴趣。课下，我主动靠近他，和他聊生活、谈理想，开始时他要么低头不语，要么支支吾吾，似乎不太信任我。而我并没有放弃，课堂上我努力寻找他举起的小手，很多时候我只能看到他弯曲的五指和半只小臂，显而易见，他的内心是矛盾的。这个时候我总会给他机会，答对了我会竖起大拇指，鼓励全班同学向他学习，并让全班同学对他报以热烈的掌声；答错了我也不直接指出，而是称赞他可嘉的勇气。慢慢地，他在课堂上举手的次数多了，有时还会站起身子高高地举起小手，我看在心里，喜在心上。一天课间操时，我主动走到他身边和他聊天，他有一种似乎等了好久才等到今天的感觉，他的话匣子打开了：老师我现在很想学习，可是以前老师不怎么管我，回家也没有人教我，现在很多知识我想学也学不会……听到他的困惑，我怎能不想办法帮他呢？我先给他的爸爸打了电话，和他爸爸说出了孩子目前的变化和现在的心理。他爸爸也敞开了心扉："孩子母亲私奔，与孩子失去联系；我曾经把孩子送去作业班，可是由于孩子不爱学习，基础又差，被老师劝退了。这学期孩子说要好好学习，我没有时间也没有能力辅导他，我刚给他买了学习机……"听到孩子和爸爸的心声，我更加坚定了自己帮他进步的决心。平时的学习生活中我特意叮嘱他的大组长、小组长给予他特殊的照顾，让他们及时帮助他消化巩固每天学习的新知识。每晚放学后，他会主动留下来坐到我身边完成作业，遇到不懂的问题及时提问。课上他也变得越来越自信了，课下他也能走近同学与他们交流、谈心。功夫不负有心人，在英语百词竞赛中他取得了98分的好成绩。当英语老师给他颁发奖状时，我第一次看到了他脸上绽放的笑容。期末数学考试他得了75分，拿着试卷的他兴奋地走到我面前："老师，这是我数学第一次及格。"我给了他一个大大的拥抱，那一瞬间，我们都流下了幸福的泪水。

其实，班里这样的问题孩子不止一个，有时我想过要放弃，但当想到"每一棵苗都要茁壮，每一朵花都要艳丽"时，我就仍会坚持下去。因为对我而言，他们只是班级中的五十分之一，可是对于他们的父母来说，他们却是自己百分之一百的希望，所以我会采取不同方法，因材施教，尽自己最大的努力不让班级里的每个孩子掉队，不给他们自己和他们的父母留下一点遗憾。

见贤思齐 亦师亦友

教师的爱就是了解

马瑞播

孔子云："亲其师，信其道。"正因为有了关爱，教师才能赢得学生的信赖，才能使学生获得更好的教育。教师的爱要全面、公平，要一碗水端平。全面、公平是指教师要热爱每一名学生。学习好的要爱，学习一般的要爱，学习差的更要爱；活泼的要爱，文静踏实的要爱，内向拘谨的更要爱；"金凤凰"要爱，"丑小鸭"也要爱。

爱学生就要了解学生。在我刚参加工作、接手这个班时，我想尽快地认识孩子们，于是设计了一个自我介绍环节。我先抛砖引玉，简单地做了自我介绍，再让孩子们轮流介绍自己。前半部分进行得非常好，后来一名女生出了问题。她说话的声音非常非常小，声如蚊呐，耳朵凑到她嘴边都听不清。我凭着仅有的一点经验大声地鼓励她，结果却适得其反。她突然哭了出来。我一下子就慌了，急忙安抚她，让她坐下，手忙脚乱地完成了这次活动。事后，通过翻阅档案、向同事咨询，我才知道这名女生由于特殊的家庭环境不爱说话。时间长了，同学们也不和她一起玩耍，之前的代课老师嫌她声音小上课时也不怎么提问她，逐渐地，她被疏远、孤立，出现了轻度自闭的症状。我去网上搜索了相关资料，了解到他们会非常害怕陌生人，更不敢与陌生人交流，甚至经常害怕到哭泣。此时，我才知道我当时的行径不仅没有缓解她的紧张与不安，反而使她更加害怕，她才会哭起来。这件事以后，我根据搜集到的资料调整策略，使用了新的办法——强化鼓励法。我会尽量多地让她回答简单的问题，虽然每次靠她很近也仍然听不清她的回答，但只要她回答完问题，我就会轻声细语地表扬她，表扬她每天都有进步。一周、两周，她的声音逐渐大了些，我见状表扬得更起劲了；一个月、两个月，终于有一天，她回答问题的声音能被全班同学听到了，当时坐在她前面的同学都惊诧地回过头看她。掌声不约而同地响起来，我的内心也是百感交集……现在她依然很文静，但下课能加入到同学的玩耍中，不再是孤孤单单的一个人了。

这件事给我的启示颇深，在班主任工作中，爱学生就要了解学生，了解学生的家庭情况、身体状况、知识掌握水平、气质性格等各个方面。而了解学生首先要从了解学生的家庭开始。对学生父母的职业、联系方式、家庭住址甚至生活状况等都要做到了如指掌。家庭是学生最初的学习之所，父母是孩子的第一任老师，家庭的一切都会深深地影响着孩子。其次就要了解孩子的性格、气质和爱好等，比如他们的身体状况如何，需不需要照顾，孩子的知识基础如何，了解了这些，才便于对学生因材施教。

为了了解学生，我经常和他们在一起，课间和他们一起掷沙包、跳皮筋；放学后经常和他们说说话，在闲谈过程中了解他们的生活情况，了解他们的心理状况。了解了学生的这一切，我就能有的放矢地去教育他们了。

去年入夏以后，由于农村孩子们的卫生意识较差，肠胃不适、感冒的比状况较多，有时一天有好几个呕吐的。有一天早上我就收拾了两次呕吐的污物。为此，我紧急召开了关于“讲卫生，快乐人生”的主题班会，孩子们念着卫生诗，唱着卫生歌，班会很成功，效果也很显著。班会后很少再有孩子出现肠胃难受的症状了。我还提醒孩子们天热要多补充水分和盐分，有不舒服的地方要马上告诉老师，生病了就及时治疗，按时吃药。放学后，我还会给生病的孩子家长打电话询问孩子的情况。天凉了叮嘱孩子们穿戴好了再出教室，变天了告诉孩子们明天要添衣服等。看着孩子们灿烂的笑脸，我想这就是我最大的收获。

班主任的工作，是一项无止境的工作。社会在发展，时代在前进，学生的特点和问题也在不断地变化着。作为一名有责任感的班主任，我会及时发现、研究和解决学生教育和管理中的新问题，运用教育成功的秘诀——爱，给孩子们营造七彩的童年，以完成肩负的神圣历史使命。

教育无小节，事事皆楷模

李思路

十一年前，怀着无限的憧憬与希望，我踏上了钢屯这片沃土，登上了我梦寐以求的三尺讲台，开启了我的教师生涯。悉数从教的十一年，那一群群可爱的面孔便浮现在我的眼前，与他们共同经历的点点滴滴历历在目，在我给予他们的同时，他们给予我的更多——有爱、有感动、有幸福，甚至是伴我一起成长。

记得那时我还在村小任教，一天，刚上完数学课，一位平时不爱说话（后进生）的小姑娘悄悄地递给我一张纸条。我想：她有什么问题要问我吗？当时我怀着好奇心打开纸条，几行歪歪扭扭的大字映入我的眼帘："老师，您说话不算数。您那天发书时少了一本《数学同步练习》，您还没有给我呢。作为一位老师，您应该说话算数，不是吗？"看着这张纸条，我不由得耳根发热，我的心灵受到了强烈的震撼。静下心来反思，她说得很对。前些天发书的时候，少了一本，我当时和她说先给别的同学发，第二天补发给她。可是第二天，我完全把这件事忘在了脑后，就这样一直拖着、拖着……直到看到这张纸条。由于我的疏忽，在她的心中，老师已经变成了一个说话不算数的人。好在亡羊补牢，为时未晚。我立即回办公室拿来一本，补发给她，并在书里夹了一张纸条："对不起，老师发书时少拿一本，后来又忘记给你了，谢谢你及时提醒我，老师会做一个说话算数的好老师的。"

经过了这件事，我深深地感悟到，要做学生心中的好老师，首先要"说话算数"，正所谓"以身作则，为人师表"。承诺学生的事情没有兑现，乍看起来是一件小事，实则将影响孩子一生，因为它会影响你在学生心中的形象，也会削弱你在学生心中的威信，甚至会降低你在学生心中的地位。人们常说："学生是一面镜子，能折射出教育的成功与失败。"我感谢我的学生，是她指正了我，给予了我找到自身不足的机会，努力成为学生心目中的好老师。孔子曰："其身正，不令而行；其身不正，虽令不从。"教师的言谈举止对学生有着深刻的影响，学生往往从教师的言行中获取信息，以此来完善其人格，高尚而富有魅力的教师人格能产生身教重于言教的良好效果。用高尚的人格魅力感染学生，才能赢得学生的信赖与敬佩。

感谢我的学生们，是他们时刻提醒我作为一位教师的职责，正所谓“教育无小节，事事皆楷模”。我是一个极其平凡的人，但我愿在平凡的生活中，做好不平凡的工作；在平凡的生活中，追求不平凡的梦想；在平凡的生活中，创造不平凡的奇迹。我相信，我一定会用我的人格魅力去赢得学生们的信赖，获取不平凡的快乐，灌溉不平凡的花朵，为我的教师生涯再添浓墨重彩的一笔！

爱的教育

王　晶

泰戈尔在诗中写道："果实的事业是珍贵的，花的事业是甜美的；但是让我做叶的事业吧，叶是谦逊地、专心地垂着绿荫的。"带着对叶的事业执着的追求和向往，五年前，我无怨无悔地选择了教师这一职业。记得刚站在三尺讲台上时，应对无数双渴望求知的眼睛，我的心里充满了激动和兴奋。望着有比我还高的孩子们，我还有些许的担心和忐忑：虽然实现了儿时的梦想，但是我能胜任吗？

在我教书生涯的最初一段时间，发怒成了我生活中出现最多的行为。课堂上有人不专心、没完成作业，这些都会使我发怒。我会在课堂上大声呵斥犯错的学生，只因为觉得这样做会在全班同学面前起到威慑作用，却没有去想这名学生会有怎样的感受，也忽略了同样坐在教室中满怀期盼等老师讲授新课的其他学生。

一天，我在学习新课标时，感悟到课堂应是向全班每一颗心灵都敞开温情的怀抱，也明白是我严厉的目光切断了学生的思维，是我冰冷的面孔熄灭了学生心中的热情。如何激活我的课堂，让学生们能在愉悦的气氛中学习呢？我陷入了沉思。

有人说过这样一句话："老师不经意的一句话，可能会创造一个奇迹；老师不经意的一个眼神，也许会扼杀一个人才。"老师习以为常的行为，对学生的终身发展也许会产生不可估量的影响。

教育是一门艺术，只有走进学生心灵的教育才是真正的教育。爱是教育的原动力，教师关爱的目光就是学生心灵的阳光。对待学生要恩威并施，并且要做到及时批评、适时鼓励。

班上有名男生叫谷志鑫，是班干部。一次，他的作业做得马虎不堪。我将他的作业拿给他看，责问道："你这样写作业，我难以相信。你一向是优秀的，今天怎么写得这么潦草？"这名男生无言以对，后悔之意已悄悄爬上他的脸颊。我不忍再责问，也未做任何补充或是暗示让他重写，只是提醒他下次注意。第二天下午，我来到教室，刚坐下，一个崭新的练习本赫然出现在我的面前。翻开一看，竟是谷志鑫重新补写的作业，字字端正，笔笔认真，字的大小相等，像刀刻一般，清秀隽永，和以前的作业相比，简直判若两人。我的内心突然涌动出感动和喜悦：这个谷志鑫，真让我刮目相看。随即，我拿起红笔，在他的本子上加上批语："我不仅欣赏你的作业，更欣赏你改过的作风，你能这样要求自己，真是慧心难得。"期中考试时，他考了95分的好成绩，得了第一名。这个小男生又一次让我刮目相看。及时批评、适时鼓励是一剂良药，它能造就一个好孩子，只要教育者能把握好尺度就好。

我是一位教师，"捧着一颗心来，不带半棵草去"，这是我的座右铭。为了我所热爱的教育事业，也为了我心中的那份爱，我要不断在人生的道路上艰苦跋涉，用热血和汗水去浇灌一茬茬幼苗、一簇簇花蕾，用爱心去托起明天的太阳。有爱才有理解，有爱才有和谐，有爱才有期望！让爱永驻我们心中，呵护孩子们的梦想吧！

远离怒火

邓萍芳

到目前为止，我的教育生涯已过了快三年。作为一名班主任，作为一个班级的大家长，我要时刻关注孩子们的成长，不仅要提高他们的成绩，还要用爱心和他们相处。

我在平时的教学中不断地尝试不同的教育方法，运用不同的管理策略。经过一段时间的摸索，我越来越感觉到表扬的作用远远大于批评的作用！应对课堂上调皮捣乱的学生，怒吼的方法无济于事，怎样才能让他们安静而且愿意学习，成为我研究的主要问题。之后，一件小事令我彻底改变了以往怒吼的管理方法。

我们班有一个小男孩叫韩宇航，因父母离婚，一直和姥姥一起生活，百般宠爱导致了他我行我素的性格，且学习成绩极差。记得有一次，和往常一样，中午十二点半我就回到班级，因为我们班每天都是中午十二点半回班自习，但是到了班级之后，我发现少了一个人——韩宇航。“有谁知道韩宇航去哪了吗？”同学们你一言我一语的，有的说看见他中午放学骑自行车走的，有的说看见他回家了。我想，他应该是中午回家吃饭还没回来吧，没多想，就继续批改学生的作业。时间过得很快，上课铃响了，他还是没有回来。我马上给他的家长打电话，但是电话偏偏打不通，我急得像热锅上的蚂蚁，“会不会骑自行车摔哪了”“会不会去河里抓鱼遇到危险了”“会不会……”，我的脑海里出现了很多种猜想。我再也控制不住自己，于是去找别的老师替我看班，我和体育老师决定去韩宇航家看看。他们家离学校不远，到了他们家之后，家长说他吃完饭就去学校了，因为孩子有电话手表，所以家长很快就联系上了他，原来他在回学校的路上自行车坏了，所以自己就去修自行车了，马上就到学校了。这下我们都松了一口气，就往学校赶去。在路上我就想，回去一定要好好地批评一下他，学习成绩差，还给我找麻烦。我先到了学校，在门口等着他，这时看见他跑了过来，可能也是着急的缘故，他跑得满头大汗，衣服和裤子上到处都是自行车链子上那种黑黑的油渍。看着他的样子，我之前的怒火已经烟消云散了，剩下的只是心疼，我的眼泪掉了下来：“你去哪了，知道我有多着急吗？”“老师，我自行车坏了，我去修理自行车了。”因为这是我第一次在学生面前掉眼泪，所以他显得不知所措，一直揪着他的衣角，可能觉得接下来我会更加严厉地批评他。“老师，我错了，让您担心了。”他也意识到了自己的错误，深深地低下了头，我也看到了从他眼角流下的泪。“回班吧！”他愣了一下，可能他没有想到我会这么平静地对待他。

在这件事之后，他变了，不但变得听话懂事，学习成绩也提高了。在之后的谈话中我才知道，就是因为当时我没有对他发脾气，还那么关心他，才使他有了这么大的改变。我真的没想到当时的一点点关心和宽容，竟然能改变一个人。

所以，在以后的教学中，我一定会远离怒吼，用爱和耐心去对待我的学生们!

理解学生，做学生的知心朋友

王　君

今天上的是五年级的体育课，这节课的教学计划是：篮球课复习行进间投篮。

上课了，同学们站好队，我宣布了本节课的教学内容，这时班里的王小小（化名）举起手说："老师，我肚子疼，能不练习吗？"当时我的感觉是这名同学好像在装病，不像肚子疼的样子。该怎么办呢？我当时没有说什么，可我知道如果这件事不能很好地处理，以后的体育课会很不好上，此类的事情会越来越多。出于这个目的，我说："这样吧，你先到篮球场旁边休息一会。"他坐在了篮球架上。体委带着学生一边做准备活动，我一边思考着。学生们对这个问题好像也有一些看法，因此有人在议论纷纷，我听出来了：上节课学的是"三步上篮"的动作，他没学会动作要领，可能怕大家笑话他。还因为我当着全班同学的面批评了他，使他的自尊心受到了伤害，一种内疚感顿时从我心里涌现出来。如果是这样，我应该如何弥补呢？

活动有序地进行着，同学们"三步上篮"的动作越来越规范，步子越来越轻便、越来越接近教学要求了。可是我的心里还一直放不下那个被同学们遗忘的孩子，我时不时偷偷地看看他，从他的表情我能感觉到，他有一种自卑感。我越来越感觉到自己在上节课处理问题及方法的不得当，导致学生对体育课可能产生了厌烦，这也许会影响他的一生。这节课上大多数学生都通过练习较熟练地掌握了这项技术，按理来说应该是很好地完成了本节课的教学目标，可是，由于我的原因，那个孩子不能和大家一同进行练习，我的心里很不是滋味。我不能丢下他，不能让他的心里再次受到伤害，我不能再耽搁了。我把学生分组安排好，让组长带着组员进行练习。我走到那个孩子的面前和他坐到一起，下面是我和他的对话。

"怎么样？肚子好点了吗？还疼得话，老师赶紧带你到校医室去看看。"

王小小看着我支吾着说："老师，其实我肚子根本就不疼。"

我试探着问他："那你为什么不去上体育课呢？你不喜欢篮球吗？"

他挠挠头说："王老师，其实我是因为'三步上篮'的动作学得不好，我害怕同学们笑话我，还有……"说完他就低下了头。

我马上就明白了他的想法，他是在"想着"上节课所发生的事情。他又接着说："我回家后还让我爸教我来着呢。可是还是做得不熟练，不敢做。"

我思索片刻说："你看这样行不行？老师和你一起去篮球场上，你试着做一次，让老师看看行吗？"我一边说着一边用手指着另一个篮球场，班里的学生们都在认真地训练着，根本注意不到那个篮球场上的情形。他欣然同意了我的提议。

我拉着他的小手来到了篮球场，他认真地做了一次，在我看来他的动作还是不太好，但明显比上节课好了一点点。我说："这样吧，我来做一次，你再仔仔细细观察一遍，怎么样？"做完后我鼓励他让他再来一次，第二次他的进步很大，我针对所出现的问题对他进行了专门的辅导。经过一次次的练习，他掌握了动作要领，也基本上能够独立完成动作了。为了让他能够更好地掌握要领，我便激发他的斗志，对他说："你的动作现在没有什么问题了，就是缺少练习，一会儿，我们到同学们的队伍里去练习，你敢不敢？""老师，我怕出现错误，同学们会笑话我的。""这样吧，你再练一练，如果你感觉没问题了，就去做，怎么样？""我试试吧。"

我们来到大家的面前，也把同学们召集起来，我简单地把该同学的心理负担说了一下。一声哨音，大家迅速集合起来，那名学生也回到了队伍里。我总结了刚才每组学生练习的情况，对练习提出了一些改进意见。学生们有序地练习着，轮到王小小同学做动作了。他迟疑了一下，在我和他眼神交汇的一刻，他向我点了点头，终于鼓起勇气把球运起来了，并把"三步上篮"的动作完美地展现在了大家的面前。还没等他反应过来，全班同学已在为他鼓掌了。他的脸通红，不好意思地拿起篮球回到了队伍里。在接下来的练习中，我和同学们好像忘记了那个装病、忘记了那个不会"三步上篮"的学生了。

下课铃声响了，看到同学们带着笑容、满头大汗地离开了篮球场，我心里别提有多高兴了。

我的结论就是：要站在学生的立场去理解他们，要做学生的知心朋友。

孩子的世界

高 兴

作为一位刚刚参加工作的新教师并且是一名科任教师，和每个班级孩子接触的时间不像班主任那么多，一天下来或许只有上课那45分钟，我又不得不抓住这仅有的45分钟来完成教学任务，不过，我经常根据我们所学内容联系实际生活中的事情，比如，课文中的良好习惯、尊敬师长、遵守交通法规等会在上课的时候教给孩子们。我一直相信孩子的世界就是一张白纸，你给他什么，他就拥有什么。

3月1日开学，学前班来了好多小朋友，他们从今天起就要变得比以前更自立，但不少小朋友还不能很快地融入这个环境，好多在哭着喊妈妈、奶奶。有一天，学前班有位教师请假没有来，校长就让我先去学前班代课，平时我基本是不去学前班的，因为他们还没有开英语这门课程。一进教室，有个长得特别白的小男孩，特别勇敢，一直举着手向我说他昨天、刚刚上学路上发生了什么事情。下课铃响了，我就让他们出去了。十分钟很快过去了，上课的时候我发现他没有回来，我就去后院找他，发现他坐在操场上。我过去叫他回班，他却怎么也不起来，后来我就说我这里还有一袋牛奶你要不要，你要是想要就起来和我走。毕竟还有十多个孩子在班级里，我要回去，不能在操场上和他打持久战，我回办公室把牛奶拿给他，通过一袋牛奶我就把他俘虏了。到门口他又不进去了，昨天刚下过雨，门口有的地方汪了一点水，他就开始蹲下来玩，后来我就假装生气，回到班级我就跟孩子们讲文明礼仪，问孩子们不听老师的话是不是好孩子。在门口隔着门，我偷偷看他进来了。后来我了解到他妈妈在他很小的时候就离开他了，这种情况在农村比比皆是，不理解这些孩子的父母是怎么想的：自己生下来的孩子，怎么就不能好好照顾？这个孩子一直和奶奶住在一起，所以生活里他拥有更多的是山沟孩子的那种野性，奶奶给的爱毕竟代替不了妈妈所给的。虽然只和他待了一天，但我看到了他的改变，他自己进教室的那一刻我就知道他明白我对他的好了。有时我会拉着他的手和他去后院溜达溜达，给他讲让他似懂非懂的大道理，这个年纪的他就像是我的弟弟，我想尽我所能给他姐姐般的爱。他现在还是不愿意上学，总是哭着想回家，但这是每个孩子都要经历的，我相信他能战胜这一切，我会等他变成爱学习的孩子，而且我坚信他一定能。

有时候看着这些小豆丁，想想肚子里的宝宝，我不知道，有一天他上学的时候，我应该怎么去面对他，会不会像网上传的那些图片一样，偷偷地藏在哪里看着他……父母对孩子的爱，真的是超越语言的。教师要把每一个孩子当成自己的孩子或自己的弟弟妹妹，试着去改变，试着去关爱。对于教师来说，他们只是学生；但是对于一个家庭来说，孩子便是全部。

每个孩子都需要得到赞美

王 雪

记得念书的时候，我的语文老师讲解《师说》中“师者，传道授业解惑也”这句话时，我还不太明白。但当我走上工作岗位成为一名教师，带着满心的期待走进学校、走进班级，看见一双双充满求知欲的眼睛的那一刻，我明白了这句话的意思，也明白了我身上肩负的重任。

在刚接手这个班级时，不论是学生们的性格、心理还是家庭状况，我都不是很熟悉。班里有一个小男生叫李浩楠，校长特意跟我交代过他的情况，由于家庭环境的原因，他在生活上有些困难，总是穿得脏兮兮来上学，经常是写字没笔、没本，看书书没页，而且有自己的小脾气，家庭作业从来就没写过。家长也是经常联系不上，电话经常换号。真是很苦恼！

我了解到这些情况后给他准备了笔和本，作业是开始写了，但是每次课堂上，我都看不到他的身影，他好像很不乐意表现自己。“六一”儿童节的时候，我们班表演小合唱，要求全员参加，但他说什么都不参加，为此我还急哭了。

上个学期，学校又举行了踢毽、跳绳比赛，原则上是每名同学都要参加。当我把这个消息在班级里传达之后，李浩楠同学找到我，说：“老师，我不想参加。”我问他：“你为什么不想参加？”“老师，我不会！”我说：“那我教你。”从此，每节课的课间我都会陪他一起练习踢毽、跳绳，一直坚持到比赛前。刚开始的时候，李浩楠只能跳一个，慢慢地，他可以跳两三个，甚至是五六个，其他的同学看到也会陪着他一起练习。比赛中，李浩楠因成绩优秀获得了奖状，他高兴地跑过来对我说：“老师，我真高兴，这是我第一次获得奖状。”我问他：“那你还想不想再获得奖状？”“当然想啦！”“那你就要好好写作业，好好学习。”从那以后，每次课堂上他都积极发言，而每一次回答完毕，我都会给予他适当的鼓励。

改变也许就在一瞬间，在我们的教学过程中，一个鼓励的眼神、一个称赞的手势、一句温暖的话语都可以给我们的学生带来极大的鼓舞，引导他们更加积极地学习与生活。我对李浩楠的鼓励以及全班同学对他的肯定给他带来了很大的震动。渐渐地，同学们对于李浩楠的“抱怨”变少了，他的作业也不用我操心了。而我也不放过任何可以鼓励他的机会，“变本加厉”地鼓励他、激励他。

孩子真没有想象中的那样顽劣，多用发现的眼光去关注他，多用善解人意的语言去鼓励他、激励他，远比任何呵斥都管用。

每个孩子都是这个世上独一无二的个体。作为老师，我们不仅要在学习上正确引导孩子们，更应该鼓励与支持孩子们发现自己的优点，发扬自己的长处，做更好的自己。“教育艺术的本质不在于传授技能，更在于唤醒和激励。”我们应当让孩子们从赏识、夸奖中体验成功的快乐，激励孩子做出更好的行为，争取更大的成功。正如林肯所说：“每个人都需要得到赞美。”在我们的教育过程中，应不断地给予学生肯定、表扬、赞赏，以期待他们有更好的发展。

教学中如何正确引导学生

杜鑫蕊

光阴似箭，日月如梭，时间如流水般过得飞快，一转眼我已经从一个高校学子变为一名小学教师。2018年1月，我以优异的成绩金榜题名，考入教师的队伍当中，全身心地投入到教育事业。教书育人是我一直以来的梦想，如今我通过自己的努力终于把它实现了。

我非常荣幸能够成为学校的一名音乐教师，每天穿梭在音乐教室里，带着学生唱儿歌、学舞蹈、讲授乐理知识和音乐史。这就是我每天的工作，虽然有时会很累，但是我很快乐。刚步入课堂，需要学习的地方有很多，更重要的是要知道如何成为一名合格的、优秀的人民教师。首先，在平时的工作中，我需要提高自己的思想修养，自觉遵守学校的规章制度，以身作则，洁身自好，为学生树立榜样。

记得在新学期开始的第二节音乐课中，我发现学校某班的一个男同学，上课的时候眼神很奇怪，班里的其他同学都在认真听课，唯独他一动不动地趴在桌子上，这让我觉得很诧异。音乐课其实是学生都喜欢上的课，为什么他会有这样的举动呢？这让我很费解，在这个班级里连续上过几次课，每次他都是这样。课间我找到了这个班级的班长询问此事，这才知道因为这个男同学父母离异了，所以导致他心理上产生了阴影和负担。此刻，我明白了原来是一个家庭给孩子带来了负面影响。其实，这个孩子虽然不善于表达，不爱和别人说话，但是他非常热爱劳动，无论是集体劳动还是自己值日的时候，他都积极主动地去做，还经常主动帮助其他同学，我认为这就是他的闪光点，所有的同学都应该向他学习。在我看来，不能只用单一的事件去衡量一个人，每个人都有自己的长处和短处，所以应该教育学生多看一看别人的长处和优点。

以身示范、以情感人、德高为师、身正为范。我们要求学生怎样，自己就要先做到怎样。在教育过程中，不要体罚或变相体罚学生，要以情感人，让学生认识到自己的错误并及时改正。我作为一名新教师，尚未摸索到较好的方法，在以后的教育教学过程中，我将努力积累经验，并用心听组内老教师的课，学习他们的教育教学方法，摸索出适合自己的教育教学方式。

总之，我要努力提高自身的思想政治素养，严格要求自己，奉公守法，遵守社会公德。忠诚于人民的教育事业，为人师表。在教育教学过程中，不断丰富自身学识，努力提高自身潜力和业务水平，有高度的事业心、职责心，爱岗敬业。坚持“一切为了学生，为了学生的一切，为了一切学生”的观念，树立正确的人才观，重视对每名学生全面素质和良好个性的培养，不以学习成绩作为唯一标准衡量学生，与每名学生建立平等、和谐、融洽、相互尊重的关系，关心和爱护每一名学生。

借手机事件

张宏伟

2013年，儿子读高三了，有时需要上网查阅资料。我们俩经过约法三章，买了第一部智能手机。白天我带着它上班，晚上让他查找资料。就在我刚拿着这部手机上班的第一天，一场难以预料的事情发生了。学生放学之后，我把学生送出校门，回来发现放在桌子上的手机没有了。我和同事经过一番寻找，仍没有一点线索。我的额头已经沁满了密密麻麻的汗珠，脑中快速地回想着一切可能接触到它的人，可还是没有丝毫头绪。同事说，会不会是你们班的孩子拿去了，学生小，看到新手机有可能动心。这时我感到头上的汗是凉凉的，不敢多想……

第二天，望着那一张张天真可爱的小脸蛋，我实在找不出怀疑的对象，还是等等吧！兴许手机能自己出现呢！办公室里，同事还在为我出谋划策。

“你一个一个地仔细观察，也可以让孩子们互相观察，发现异常情况向你报告。”

“找一面他们未见过的镜子，可以美其名曰‘魔镜’，让全班孩子都来照一照，不敢照的那个肯定与这部手机有关系。”

“你干脆告诉孩子们教室里有监控……”

听着同事们的话，我不免有些焦虑；这些主意也许会有效，可同样会给孩子的内心造成一定的压力；而且互相观察更有可能使孩子们之间失去信任，照“魔镜”，利用监控会让“借手机”的孩子心怀恐惧而不愿上学。我努力让自己冷静下来，这些计策绝对不行。就算真的是孩子拿的，我也一定要选择一个万全之策引导他走上正路。

著名特级教师李镇西的班主任日记《心灵写诗》中这样写道：“班主任最重要的不是管理，而是走进学生心灵，用悄悄话的方式可以解决很多问题。”我想，要是老师和孩子之间能说悄悄话，是不是可以拉近我和孩子的距离呢？如果孩子都把我当成朋友，跟我说实话，那么，“借手机事件”也就迎刃而解了。虽然这么想，可我心里还是没底。于是我决定先试一试。我在班里举行了一个“朋友，我想告诉你一个秘密”的活动。我对大家说：“同学们，老师就是你们的大朋友，你们愿意和老师说悄悄话吗？”这时，性格活泼开朗的王明蹦蹦跳跳地来到我的身边。“王明，你想和我交朋友，对吗？”他咧着嘴呵呵地笑着说：“大朋友，我告诉你一个秘密。有一次，我的同桌李亮把我的文具盒碰翻了，我就悄悄地把他的钢笔藏了起来！”我趁势引导：“小朋友，你现在一定知道该怎么做了吧？”他马上把钢笔递给我说：“老师，您把这只钢笔还给他吧！我错了，以后再也不拿别人的东西了！”我情不自禁地为他竖起了大拇指。“真是个勇敢的孩子，记住，这是我们之间的秘密！”虽然还是没有找到手机，但是却起到了“随风潜入夜，润物细无声”的教育效果。这是一个完美的开始，不是吗？

“丁零零”，下课铃声一节一节地响起，还是没有任何有关手机的消息，我想只要我把这个活动坚持下去，定会有更多的惊喜等着我。第二天放学后，我正在教室里关门窗，忽然瞥见了平日里性格内向的小新同学正在慢悠悠地整理书包。“要不要老师帮忙？”我走到他身边。他低着头，不说话，过了好一会红着脸低声说：“老师，我也要告诉你一个秘密。你的手机是我拿的。你不要告诉别人，行吗？”我长长地吁了一口气，经过两天短暂而又漫长的等待，“借手机事件”终于有了结果。“敢于承认错误，你真是个了不起的孩子！那你准备怎么办呢？”我和颜悦色地对他说。

“明天我悄悄地把手机放在老师书桌的抽屉里，好吗？”

我说：“好，以后借东西时，一定要先征得别人的同意，好吗？”他使劲地点点头，我笑了，他也笑了……

“借手机事件”让我知道了教育是一个等待的过程，而等待又何尝不是一个教育的过程呢？在等待中付出，必然能在等待中收获。

蜕 变

李 爽

看到这个题目，你也许会认为要写的是一名学生的蜕变过程，实则不然。时光荏苒，转眼十六年过去了，记得刚站在三尺讲台上时，我的心情无比激动和兴奋。我告诉自己，要做一名有爱心、有耐心的好老师。但当我为孩子们操碎了心，他们让我哭笑不得，我累得无暇休息、无暇娱乐的时候，我曾一度忘记了自己的初心。

在教书生涯开始一段时间后，我发现发火成了我教育工作时最常出现的行为。课堂上只要有人不认真听讲，或在课堂上捣乱，为了能在全班起到震慑作用，我就会大声批评犯错的学生。看到学生三番五次完不成作业，学生之间发生矛盾时，我也会严肃地处理，只因为觉得这样做会让人畏惧。可是一段时间过后，我虽然控制好了课堂上的纪律，课堂上的氛围却总让我觉得不舒服。孩子们对我有种惧怕感，生怕做错了事情后受到批评。讲课时课堂上寂静得可怕，即使是很简单的一个小问题，能举手回答的人也是寥寥无几。回忆这段时间所发生的事儿，当学生犯错，我大声批评他们时，我没有细心地问问为什么，忽略了被批评学生的感受，也忽略了同样坐在教室中那些满怀期盼等待老师讲授新知识的学生的感受。我感受到了每名学生看我时畏缩的目光。我用心回味我上学的时候，我喜欢的老师是什么样的，出现的词语是温文尔雅、和蔼可亲。曾经，我的小学作文中写到我的梦想是成为一名那样的教师。为何我此刻却与最初的理想背道而驰了呢？我开始反思，开始改变……

小昊上课时非常认真，课后作业也总能认真完成。但他却羞于和他人交流，上课他也能把小手举起来，可回答问题时却吞吞吐吐、声音小小的，时常是涨红了小脸又坐回座位上。慢慢地，我不太留意他了，活跃的课堂活动中也很难看到他的身影。但是几乎每次上完课，他都会过来问有关作业的问题。我也总是朝他点点头，或者给他再讲一遍，他听了之后显得很开心，一笑，眼睛就眯成了一条缝。可是最近，小昊的听写词语作业居然经常不完成！有几次我很生气，在班上毫不客气地批评了他。他一声也不吭，只是泪水不停地往下流，一脸的内疚和委屈，我实在是拿他没办法。清明节放假前一天，我和往常一样，给孩子们布置完作业就放学了。“老师，今天的作业是不是这些？”我刚想走出教室，一个怯怯的、熟悉的声音传了过来，我一看，又是小昊。“老师的作业发到了爸爸妈妈的手机上，回家看吧。”他还想说些什么，却没有说，转身走了。开学的那天早上，我检查作业，小昊的作业没写完。我眼睛一愣，心想：这个孩子很认真，上课发言也很积极，最近只是听写词语的作业完成得不好，这次怎么会没写完作业呢？平时像这样的情况我都会进行严厉的批评，而这次我没有这样做。我先让自己静下来，问孩子：“你的作业为什么没写完？”他小声地对我说：“我的父母出去打工了，所以……”得知这个理由，我庆幸，庆幸自己没有一时冲地动对他发火。这一次的事对我触动很大。差点由于自己的无意和大意，亲手关闭了孩子向我开启的心门，我感到深深的不安！从那次事件之后，我彻底改变了，重新找回了丢失已久的初心——爱心和耐心。

冰心曾说：“有了爱便有了一切。”小学生们的心灵是纯净的，也比较脆弱，他们非常需要关爱。在平时的生活中，我会轻轻地摸摸学生的头，给他们一个肯定的微笑，拉拉他们的小手，关心一下他们的冷热……孩子们对老师是宽容的，他们崇拜你、爱你，因为你曾说过爱他们。只要我们真心一点、平等一点、赏识一点，他们就会心满意足，“言听计从”。我想，假如孩子们是一茬茬幼苗、一簇簇花蕾，我将永远是温暖的阳光！

我和学生共进步

李红望

一个学生就是一首诗，一个心灵就是一个世界。这是我在正式上岗的前一天培训时听到的话。当时我就在心里默许，自己一定要做一名优秀的教师，温暖每一个心灵。也许你会说：教师的职业太平凡，忙忙碌碌，默默无闻。也许你会说：教师的职业太辛苦，夙兴夜寐，风雨晨昏。然而，我却要自豪地告诉你：当一名教师，我无怨无悔。

记得在我工作的第一个月就遇到了措手不及的事情，由于我是英语任课教师，担任一至六年级的教学任务，刚上岗时我不仅要备好课、上好课，还要紧紧地抓住每一名学生，不让一个人落后。低年级的学生还好说，高年级的学生不太好管理，成群结队地起哄。那天我在六年级上课的时候批评了张芷涵，她传纸条被我发现了，我当时把纸条上的内容念了出来，当时她觉得自己丢了面子，小头一扭，身子一转，特别不服气。当时的我别提多生气了，气愤地批评了她，下课后我回办公室了，以为这件事情就过去了。可是第二天，四年级的学生向我提到了此事——“英语老师，六年级的张芷涵和其他女生说你坏话了……”我气急败坏地去六年级把她叫了出来，刚要批评她，这时头脑像是被什么东西击中了一样，潜意识告诉我要换一种方式解决这件事情。我深深地吸了一口气，心平气和地问她：“每天给你送饭的人是谁啊？”“奶奶。”“她多大年龄了？”“78。”“爸爸妈妈呢？”……就这样我们聊了一会儿，我了解了她家里的一些基本情况，她的父母离异对她产生了影响。这名学生在班级中本是一个争强好胜、上课用心发言、说话幽默的孩子，但是最近不知怎么回事，似乎与以前判若两人。在课堂上她总是故意找茬，闲不住，经过几天细心的观察和交流，我发现她总是流露出一种无奈的情绪，经过多次互动交流、安慰、激励，坚强的她哭了。我感觉到状况的严重性，用心主动与其父母沟通，恳求其父母尽量减少孩子的伤痛，期望他们能尽自己最大努力给予孩子关心和爱护。为了尽快让她从低潮中走出，我时常带她进入学生交流圈，最大可能地让她感受到家的温暖，还让她当我的课代表。慢慢地，这个孩子的脸上恢复了往日的笑容，斗志也被激发了出来！一天下课后，她走到我身边，轻轻地对我说：“老师，谢谢你，我真想喊你一句：妈妈！”我当时心里涌上了一股暖流，热泪盈眶。我在心里暗暗地告诉自己，虽然我是老师，他们是学生，但是以后处理课堂应急事件时还要更细心，一定要多观察。这个村小父母离异的学生很多，要恰当地处理事情，给孩子多留一些自尊。

现在我已工作四年了，遇到的状况也是层出不穷，但现在我的学生们都喜欢我的英语课，也都对英语感兴趣了，我也做到了不落下每一名学生。我相信他们的未来会更美好。送给我的学生们一句话，天道酬勤——没有人能只依靠天分成功，上帝给予了人天分，但勤奋才能将天分变为天才。

学生给我上的一堂课

韩　冬

“同学们，让我们一起先慢跑两圈做一下热身和准备活动，然后咱们继续练习跳远技巧。”“老师，我……”一个熟悉的声音携带一句熟悉的开场白，一如既往地打断了我的课堂节奏。不用想，一定是四班刘某某。之前在下课的时候我就看到他生龙活虎地和同学追逐打闹，一直到上课才停下，他一定又是想偷懒不跑步。“又想偷懒？这次又是哪里不舒服了？”我似笑非笑地问他。只见他胖乎乎的小脸开始涨红，脸上还有在上课前和同学追逐打闹留下来的汗水。他似乎知道已经被我看穿，张了张嘴没有说话，像个犯了错的小孩子一样低下了头。见到他这样，我就让其他同学先去热身，而把他留了下来。

他依然低着头，我看着他真是觉得又好气又好笑，每次都是这样——明明课下还玩得不亦乐乎，一到课上为了偷懒就装病，这次我终于忍不住想教训教训这个“小病号”了。我看着他说：“为了不跑步，每次都装病有意思吗？你知不知道每次课前老师都带着大家跑步是为了什么？课前进行充分的热身活动是为了防止同学们在做运动的时候发生运动损伤，而你每次都为了少跑这两圈和不做接下来的运动装病，连同学们都看出你这点小伎俩了。适当地运动对你的身体有好处，而你为了逃避选择撒谎不觉得惭愧吗？不觉得自己与体育课有点格格不入吗？”面对老师严厉的训斥，他流下了泪水，或许是感觉到他知道错了，也或许是我觉得训斥得有点严重，我轻轻地摸了一下他的头说：“好啦，别哭了，去把两圈补回来，然后和同学们一起练习跳远。”他抬头看了看我，哭得更加委屈了。这让我有些不知所措，实在想不通他为什么会这么委屈，我也没有说错啊，他确实是装的啊。难道是训斥得太重了？正在我想着的时候，他擦了擦泪水抬头对我说：“老师，我……我不是懒，不是不想运动，而是每次跑到第二圈我就跑不动了，然后走回来，面对着已经跑完的同学们的催促；还有每次练习跳远或者其他运动我都是班里最差的，我怕做不好被老师训斥，我不想被同学们笑话。”这次说到后面时，他不再是每次与我或其他老师交流时那般怯懦了，而是非常坚定。我看着他竟一时说不出话来，原来是这样，原来他不是懒，他在乎的不是运动会累，而是同学们的眼光和老师的评价。想到这里，我第一次因为学生的一席话而感到羞愧，肤浅的是我，并不是面前这个四年级的孩子。是身为老师的我没有仔细观察学生，不够重视个体差异，不够深入了解学生的内心世界。

从那次课后我开始反思自己，这种后进生不只刘某某同学一个，还有很多，之前也有很多后进生经常请假，只不过我都当作他们装病而选择睁一只眼闭一只眼。长期以来只要体育课上有某名同学说“身体不适”，我相信大多数的体育老师都会毫无条件地和我一样让这名同学休息，而且不会过多地和他进行沟通和交流，这种放任导致一些后进生逐渐习惯了自己成为体育课上“旁观者”的事实，这其实是教师的失职。这些身体素质较差的同学缺乏自信，不敢表现自己，不愿尝试。他们的自尊心和自卑感常常交织在一起，并时时处于矛盾中，对教师和同学们有恐惧感和对立情绪，意志薄弱。身为人师的我们更应及时发现，给予他们鼓励和开导，使学生找到自信，看到希望；给予学生关心和帮助，使学生感受到温暖，提高能力。只有这样，才能有效地避免让一些身体素质较差、缺乏自信的学生变成体育课上的“旁观者”。

那个孩子给了我方向

王 雪

可能出于随波逐流的心态，和大部分同学一样，在高考结束之后我选择了初等教育专业，虽然当时后悔过自己的选择，但还是以不错的成绩顺利毕业了。毕业那天我如释重负，因为我并不打算跻身教育行业，成为一名教育园丁。

事与愿违，因为专业的限制，求职的过程并不顺利，再加上父母的期望与担忧，迫于无奈，我还是暂时进入了市内一家不错的教育机构工作。这里的孩子衣食无忧，或是父母或是祖父母，几乎每个孩子都有自己的专属司机。看得出来，家长们对子女的学习成绩很重视，孩子们的学习成绩也算是让我放心，可在课余时间里，这帮“红孩儿”就不是那么让人省心了：乱扔东西、大声喧哗、欺负同学……我也常常因此而不得不和家长们见面。令人费解的是，有些家长觉得自己的孩子还小、不懂事，做什么都无关对错。算了，反正我也不打算干多久，何必那么认真负责呢？抱着这样的心态，迎来了我的第一个假期。

恰恰是这个短暂的假期经历，让我彻底改变了之前的想法，并立志成为一名人民教师。

那是一天清晨，天空灰蒙蒙的，肩负买菜重任的我急匆匆地出门了。早上的菜市场好不热闹，有的人为一天所需前来购物，有的人为了生活练就了熟练的吆喝声，讨价还价中便形成了这熙熙攘攘的人群，我也抓紧时间选购心仪的食材。

忽然，不知什么地方，轰隆隆的一声。追寻着声音，人们将目光投了过去，原来是一辆拉着水果的货车剐蹭到旁边的墙角了，一侧的挡板被刮下来掉在地上，车上的水果哗啦啦地掉落在地上，散成一片。车主见状感到有些慌张，赶紧跳下车来蹲在地上捡自己的水果，无奈数量太多，他一人怎么忙得过来呢？透过人群我能看到他无助和辛酸的表情。周围的人见状，渐渐地跟着蹲下拾水果，只不过……有些人并不是帮忙，而是背对着车主，将拾起的水果放进了自己的菜篮子里。参与者中还有一个孩子，大概七八岁的样子，他是第一个把拾起的水果送到车主面前的，因为这孩子，车主的脸上才露出一丝欣慰。

一位女士显然对自己的“战利品”比较满意，起身准备离开。那个孩子突然抓住她的腿，冲着她喊：“阿姨，你不能这样！老师讲过，人与人之间要互相帮助，这个叔叔就是需要帮助的人！”孩子稚嫩而清澈的声音传入了大家的耳朵里，喧闹的空气仿佛瞬间变得安静了。那双小手似乎有着很大的力量，让那位女士停下了即将离开的脚步。

“是阿姨做得不对。”这位阿姨转过身，俯身冲大伙儿说，“大家帮帮忙，赶紧把水果收拾起来。”很快，周围的人都加入到这支劳动队伍中，孩子也变得兴高采烈了，车主连忙道谢，擦掉了眼角的泪花。看到这一幕，我的内心受到了触动，紧走了几步，也加入到他们的行列中去。在大家的共同努力下，很快收拾完现场并帮助车主装了车，在车主的再次感谢中，人群渐渐散去，那个孩子也不见了踪影。

孩子，虽然我未曾见过你的老师，但我知道，你的老师一定是一名非常优秀的人民教师，同时，我也自觉有些惭愧。这件小事让我也明白了，教育并不只是提高孩子的学习成绩这么简单，更重要的是从小培养孩子的品格，让他们成为社会有用之人，促进社会文明的进步。

食材买回来了，虽然没有赶上母亲做饭的需要，但我很开心，因为我找到了自己心中的方向，成了我想成为的人——一名人民教师。

感动无处不在

孙娜娜

难忘的2012年9月，从那时起我开始了大四实习，作为鞍山师范学院支教老师的我，带着学校领导对我的信任，带着同学们对我的鼓舞与支持，带着父母的牵挂，来到了海城市孤山中学，开始了为期一年的支教生活。我深知这不只是学校对我的考验，更多的是一份重重的责任与义务。

来到学校后，听老师们简单地介绍了一下学校的情况，对学生们有了一个初步的了解，我要教的是七年级英语，而在这个班级里，有一位“大哥”我必须要重点说一说。华哥，名字很威风，学生们这样描述他：迟到早退打瞌睡，打架通报不落泪，绝技在于专门挑战老师的权威，打学生欺负老师样样在行，扬言爱谁谁，谁也不怕！

开学后没几天，我像平时一样夹着书，面带着微笑走进教室开始上我的英语课。可是上课没多久，我就发现我们的华哥书桌上空空的，睡得特别香。我一边带领学生们读课文一边走到他身边，敲了敲桌子，他懒洋洋地抬起头，打了个哈欠，看了我一眼说：“干吗？有事吗？”我一听就气不打一处来：“你上英语课睡觉，老师叫醒你，你说有事没事？”人家愣是没理我，倒头又睡了。这时候，其他学生都窃窃私语起来，有的告诉我老师别管他，有的说老师别生气……可是我咽不下这口气，一名中学生怎么能这样和老师说话，可是我初来乍到，又是第一次做老师，根本不会处理学生和老师之间的矛盾。一看他的个头，一米七多的大个，比我高出一头多，跟他动手我一定吃亏啊；但我也不想太尴尬，就甩下一句话“下课来我办公室一趟”，之后就硬着头皮继续上课了。

第一次，他便给了我一个下马威。在接下来的英语课里，他也经常捣乱，老师对他的教育，他通常是口服心不服。华哥表面上态度还好，出了老师办公室便依然我行我素，不管不顾，像耍猴似的。我开始不知不觉地排斥他，在全班同学面前严厉地批评他。终于，第二个学期开学后，我没有再见到他，听学生们说，他辍学了。

“老师，你还记得我吗？”下班后我接到了一个电话，一个熟悉的声音从电话的另一头传了过来，“老师，祝你节日快乐！”那一瞬间，我感动地落泪了，他并没有记恨我，他还记得我这个经常批评他的英语老师。时隔几年后，他记得的不是我对他的呵斥，而是一句教师节的问候。

其实，每个学生都是善良的，他们并不是真的想和我们对着干，而是想让我们多关注他们一些。多年以后，我突然明白了学生们不需要怒吼，需要的是我们的关爱。对于上课呼呼大睡的学生，我不会再严厉地批评他们，而是轻轻地拍一拍他们的肩膀，说：“宝贝儿，该上课了，打起精神来，老师相信你！”我收到的不再是怨恨，而是信心满满的眼神。

感动无处不在，借着今天这样一个机会，我停下了忙碌的工作，回忆起我可爱的学生们的点点滴滴，让我可以因为感动一直教育！

来自学生的感动

王 蕾

作为一名平凡的教师，我的生活可以说是一条水平线，没有轰轰烈烈的人生传奇，更没有什么值得称赞的故事，有的只是平平淡淡、近乎琐碎的小事。然而就在这平平淡淡的教学生涯中，却有着一个又一个让我深受感动的学生。

我的家离学校很远，大约有70里的路程，每天都需要起早贪黑。天没亮就得起床，然后坐车去学校，由于时间太早，连路边的早餐馆都没有开业，所以我经常不吃早饭。到了学校之后我就得着手准备一天的教学工作，一忙起来，一上午的时间就过去了。久而久之我的身体越来越不好，尤其是我的胃，可以说是经不起一点“风浪”，稍有不慎，就会疼得站不起来。可又有什么办法呢?

那是2012年12月17日，星期一，我永远都无法忘记那一天。在上第二节语文课的时候，我的胃开始隐隐作痛，豆大的汗珠从我的额头上滚落下来，我不得不一边用手扶着讲台一边用手捂着肚子，连说话的力气都没有了。讲台下面的学生顿时紧张起来，忙问：老师这是怎么了？班长连忙跑到我的身边把我扶到椅子上，用焦急的语气问我：“老师，你怎么了？我能帮你做些什么呢？”我缓了好一会才虚弱地回答她：“没事，老毛病，一会就好了，你先回去吧，谢谢你。”这时有其他的学生帮我端来了一杯热水，我喝了药之后，继续给孩子们上课。在讲课的过程中，由于断断续续的胃痛，有的时候一句话都得分成两句才能说出来。那节课，全班63名学生没有一个不认真听讲的。

下课后，有的孩子问我是不是胃痛，我说是的。孩子们议论纷纷。第二天，我来到班级里，刚一进门就闻到了包子的香味，我心想这是哪个孩子没吃早餐而把早餐带到学校来了呢。走到办公桌前一看，原来是从我的桌子上传来的香味，塑料袋外面还贴了小纸条，上面歪歪斜斜地写着：“老师，我知道您经常来不及吃早餐，这是我妈妈给我包的包子，可好吃了，特意给您带了几个，您一定要吃哟！”当时我的心里别提有多感动、多幸福了。这时我们班的王凯博捧着一把花生米走到我的面前，对我说：“老师，我奶奶说花生米最养胃了，我特意给您带来了一些，希望您的胃病早日康复。”我还没来得及谢谢他，一群孩子便把我围了起来，像献宝一样把自己的“爱心”送给我，有牛奶、有面包、有巧克力、有饼干……那一刻，一股从未有过的暖流从我的心间流淌而过。我想，教师的幸福便是如此。此后的一段时间，每天早晨我都会收到一些惊喜——孩子们像商量好了似的轮流在我的办公桌上放吃的。我不得不开始阻止他们，我告诉他们：“为了更好地回报孩子们的心意，我已经开始吃早餐了，并且每天早晨都吃得很饱，希望孩子们不要再给老师拿吃的了，要不然老师都成小胖猪了。”孩子们笑了，我也笑了。可是就算这样，偶尔还是会在我的办公桌上发现一些小食品，真不知道是哪个小精灵还在惦记着我，怕我不吃早餐呢！

教师的生活是平淡的，然而在这平淡中却有着来自孩子们对老师最真挚的情感，也正是这种情感让我一次又一次地深受感动，也正是这一个又一个的感动串成了我教师生涯中最美丽的音符。

感人心者，莫过于情

孟　竹

2015年秋，正值开学之际，我就是在那时正式成了一名班主任老师，在此前我曾期盼过，也幻想过我的教师生活，但都不如亲身经历来得真实！到如今我已在这个岗位工作快三年了，回忆起这几年的心路历程真的是感慨颇多。刚接触到我班孩子的时候，他们正是懵懵懂懂刚入一年级时，一想到我将会把这些还对一切充满好奇心的孩子教导成懂事优异的“大”学生，我就有一种发自内心的自豪感，但是现实就像一盆凉水，浇灭了我这刚刚燃起的斗志。

那是开学一个月后的一天，我培养了几名小组长，让他们帮我检查其他同学完成作业的情况。一如前几天，第三组的小组长来告诉我：“老师，王大壮的作业只写了一半，没完成。”这已经不是第一次了，我暗自生气，把王大壮叫到身边，质问他为什么又没有完成作业。我知道，一年级的小孩多半没有自控能力，肯定是父母没有看管好。我问他：“你的家长没有看你写作业吗？”他低着头一言不发。我更生气了，把他带到了办公室补作业；他好像也习惯了这种模式，越发得不在乎来不来办公室。刚上班就遇到这种棘手的学生，我真是有些生气，所以说话的口气就冲了些：“你不写作业，你妈不管你吗？”这时他一改往日沉默，回了我一句：“我没有妈！”我愣住了，有些不知所措，也不敢再深问些什么，等他补完作业就让他回去了。后来，我就按照他登学籍时留下的电话打了过去，是他爷爷接的，我大致询问了一下他们的家庭情况。他爷爷告诉我，因为家里的生活条件不好，大壮的爸爸在外面打工，一年就回来一两次，他和他奶奶都年事已高，也管不动这个孩子，让我多费心，其中并没有提到他妈妈的话。我放下电话时，心里有些沉重，我想我可能猜到了那句“我没有妈”的意思了。果然，从本村的老师那里证实了我的猜测，王大壮的父母在他三岁的时候就离异了，所以导致这个孩子有些叛逆。想了一晚，我想我知道该怎么做了。接下来的几天，大壮一如往常还是没有完成作业，我没有让他去办公室，也没有责备他，就让他在座位上补完了作业，等他写完后，我就夸奖他完成得很快，字写得也很工整，这不是故意夸奖他，大壮的字写得真不错。他有些诧异地看着我，并没有说什么。我还观察到，中午吃饭时他总会从书桌里拿出一块干粮，没有任何配菜，而那就是他的午饭。从那时开始我便发自内心地开始关心他，见他校牌丢了，我买了一块，说是其他孩子捡到的让他先用着；看到他的饭盒是空的，我就知道他奶奶又忘记给他带饭了，便把我的饭菜分给他。我们就这样相处到了现在，我发现他每次看我的眼神里都充满笑意，也不知从何时起他再也没出现不完成作业的现象了。

今年过年的时候，大壮的爸爸给我打了个电话，他说他从大壮爷爷那里听说了大壮的进步，特意打电话来谢谢我。那一刻我真的体会到了教师这个职业给我带来的幸福，也体会到了一位教师只有用饱含深情的爱去对待学生、去感染学生、去影响学生，才能给学生带来许多有益的改变。把载有爱的眼光，哪怕是仅仅投向学生的一瞥送给学生，他们幼小的心灵都会充满阳光、享受滋润……

流年似水 念念不忘

雪，让我收获了另一份感动

王国柱

“老大，今天我们班学生回到班级跟我说，‘老师，校长在那儿铲雪呢，把雪扬起来可有意思了，差点没扬我头上，跟下雪了似的！’我好奇地走出班里，看见您在孩子们身边铲雪的身影，特别有感触。钢小就像我们的家，在这个大家庭里，您是家长，我们与学生就像是您的孩子。您无微不至地为我们着想，大到学校的各种活动，小到一条红领巾、一根鞋带的系法，我能感觉到您在教育这条路上是快乐的，是充实的！看着您，看着今日钢小午后明媚的阳光，操场上灵动的红校服们，我真心感受到了快乐、幸福和心中的那份满足，我忍不住拍了几张照片，送给您留作纪念，原谅我的不告而拍。”

吃完晚饭，看到中队辅导员郭紫薇老师的这条微信，我仿佛又回到了快乐的中午。

也不知道是冬负了雪，还是雪背叛了冬。蕴藏了一冬的雪，爱上了2018年的春……一开始还是雨，渐渐地大片的雪花纷纷扬扬飘然而至。

清晨的校园因飘飘荡荡的雪而沸腾了，元旦、运动会、儿童节，哪有这样的热闹？下课了，学生们高兴地哇哇直叫。蹦啊！跳啊！快乐的笑声，放肆的打闹，把整个楼都要震翻了。

雪停了，太阳顽皮地露出了笑脸，德育处看到教学楼前雪水掺杂，就号召孩子们除雪，看到师生们快乐地扫雪，我也赶忙加入其中。看到我的加入，孩子们的话也多了起来。

“校长，校长……把雪放到这里可以吗？”

“我们还是散落在操场上吧！”

“为什么？”

“对呀，为什么？”

“这样，太阳一晒就化了。低年级的同学经过时就不会有危险事故发生了。”

“可是……我们还想堆雪人呢。”

“呵呵，不对！不对！堆不成了，太阳出来了。”

“那——怎样才能化得更快呀？”

“看——我——的——”

我一边拉着长声，一边拿起宽宽的除雪大锹，端起满满的一锹雪，走到操场中间，使劲往高处抛去，雪花立即在空中飘舞。孩子们看到我扬起的雪，有的钻进飘起的雪花底下，扬起发红的小手接着；有的故意跑到我面前，伸开双手故意沾点雪色。我每扬一锹，四周都聚满了孩子，他们越聚越多，那欢乐、兴奋的情绪不停地感染着我。

也许，压抑了太久，憋闷了太长时间，“小雪花”们获得了自由，她们舞着跳着奔回了大地。我高兴地一锹接一锹地扬雪，孩子们不断地钻进我扬雪的世界，操场成了欢乐的海洋。慢慢地我手中的雪锹传递给了这个孩子，又从这个孩子手中传到另一个孩子手中，我们不停地传递着，快乐也不停地传递着……

渐渐地，小一点的孩子不能拿锹除雪，也不再接雪了，他们用小手捡拾操场中的杂物，那欢快的场景着实令人感动。

老子说：“大盈若冲，其用不穷。”盈，即完满；冲，即缺憾。也就是说，有缺憾才是真正的完满，才是永续发展的动力。是的，其实教育真的很简单，只是我们的要求太高。往往是你用何种眼光看待孩子，用何种方法对待孩子，就决定了孩子将以何种状态面对世界。

我的教育梦

——助梦人生

赵 佳

五年前，我怀揣着美丽的梦想，踏上了这条梦寐以求的人生之旅。我喜欢听到学生们远远地喊我一声“老师”；我期待看到孩子们信任的目光；我愿意帮他们开启智慧之门，助他们点燃梦想之灯。我班有这样一个孩子，她叫莹莹，初见她时，她甚至分不清煤渣和巧克力，时常到垃圾堆里找吃的，在课堂上坐不住3分钟，还不时会听到她含糊不清地念叨：“我爸没了，他临死的时候把我的手攥得可疼了。爸爸是一个下矿工人，他最放心不下的人就是我。”每次听到这些，我的内心便翻腾不已，我想此时面对这个孩子的我不能仅仅是人师，更要让她享受到一个正常孩子应得的关爱，这样也能让她的父亲走得安稳些。后来的日子里，我时时关心她，生活上我处处照顾她。几个月过去了，我惊喜地发现，她已经会写自己的名字了，也懂得了基本礼貌。有时我会想，她或许不会像雄鹰那样展翅翱翔，但她可以变成一只雨燕，学会本领到风雨中去觅食，一路前行。

时间过得好快，点点滴滴，都在书写着“教师梦”的画卷，它唯美、青春，散发着浓浓的气息，如一颗闪亮的星，照进孩子的心里，或许温暖，或许明亮……

然而聚散终有时，两年后你却永远地离开了我。记得那是一个美丽的早晨，一如往常，我坐着车穿梭在青山绿水之间，看溪水匆匆流过，望天边云卷云舒。开学的第一天，我早早地来到校园，迫不及待地奔向自己的教室，在自己的小窝里盘旋，看看是否变了样子——整齐的桌椅板凳、陈列如旧的办公用品、黑板上熟悉的字迹、墙报上还有记录孩子们成长的足迹——照片。一个假期未见，我想你们了。此时电话铃声响起，号码是那么熟悉，电话里传来的是莹莹奶奶的声音，它打破了我无尽的思念……会是什么事呢？莹莹去世了？！一切来得那么突然，一切那么令人难以置信，奶奶哭诉着小莹莹昨天晚上睡到

2点左右，突然开始哭，老两口赶忙给她穿上衣服，之后她就不行了，整个过程不到10分钟。虽然小莹莹小时候就患有心脏方面的疾病，但怎么就突然……我依然不敢相信，我慢慢地走到她的座位前，在想与我结缘的那只小雨燕在哪里。幼小的你学会了洗衣、做饭……细数着我们共同成长的画面，或许在这一刻你已经回到了爸爸的身边……教室里的陈列依然如旧，但我的心里却空空如也，唯一能做的就是继续把自己的心血和青春洒在助梦的路上，或许这是老师对你最好的纪念。依旧助梦，愿这种大爱无论是在天堂还是在人间传递无限……

在助梦的路上，我们会遇见很多的不同，然而“道虽迩，不行不至；事虽小，不为不成”。筑起再美好的梦想，如果不立足于本职工作，终将会成为空想。而我要做的就是把自己的知识毫无保留地传授给我的学生，去关爱他们、帮助他们，与他们共同筑梦、谱写人生！此时仰望星空，依旧璀璨如梦……

梦想伊始

张玉琪

那年，我25岁。大学刚毕业的我，放下了手中的大学课本，拿起小学教材，走上了讲台。面对我的是讲台下11名一年级的学生，我攥着手中的粉笔，感受着那一道道充满求知欲望的目光，心想：这，便是我的梦想了吧！

曾经的我，无数次地幻想过，当我成为一位老师之后，我会怎样教育我的学生，让他们尽情地沉浸在我的课堂中；我该怎样与他们相处，才能让他们在学校快乐地成长。经过实习的历练和面试的考验，随之而来的，是对即将到来的教学生涯的强烈自信与渴望。现如今，双脚真真切切地踏在了讲台上，飘荡在校园中的铃声提醒着我，该上课了，而内心深处我感受到的不是实现梦想的激动，而是一份沉甸甸的责任——对这11名学生的责任！

讲完了教学生涯中的第一堂课，经历了走上教师岗位的新奇，现在的我却有一种挫败感。工作对生活的影响让我猝不及防，每天要面对学生们千奇百怪的问题，还要忍受着家长们的喋喋不休，我的生活突然失去了原有的模样。我不禁扪心自问：这就是我的梦想吗？这就是我要的生活吗？

记得在讲完一节数学课后，班级里的孩子们都火箭似的跑到操场上玩耍，而有一个小姑娘，见我坐在讲桌旁，便磨磨蹭蹭地向我走过来，拉着长音喊道："老师，这道题怎么做啊？我不知道我写得对不对。"我拿过她手中的题本，心想着：这个小姑娘真是个爱学习的好孩子。但令我感到难以置信的是，她问我的竟然是一道十以内的减法算式题，这应该是早在幼儿园就学会的知识啊。顿时，我的心里隐隐有些担忧，怎么会连这么简单的问题都不会，班级里面的其他孩子都可以快速地说出答案啊。后来我才了解到，这个孩子的头部曾经做过手术，对孩子的智力有很大的影响，使她学习时非常吃力。对我来说，这是一件我未曾想到的难题。我没想过在班级里会有这样一名学生，班级的成绩会受到很大影响，随之而来的麻烦也会越来越多。

她的存在，让我对未来的工作感到束手无策。直到偶然间，我读到了一则新闻，是习总书记在教师节活动中的讲话，他说："要做好一位人民教师，要有理想信念、道德情操、扎实学识和仁爱之心。"

是啊！我作为一位老师，肩负的是培育下一代的责任，我是播种未来的指路明灯，必须要有一颗仁爱之心。我们每天面对的是有着不同性格、不同爱好、不同家庭、学习状况不一的学生，不能因为有的学生不讨自己喜欢、不对自己胃口就冷淡排斥，我们应该对他们多一些理解和帮助。我深深地感受到，老师在学生心目中的重要位置。好老师一定要耐心地对待每一名学生，理解学生、包容学生，并善于发现学生的特长，因材施教。

后来，我无意中发现这个小姑娘唱歌非常好听，于是课间我鼓励她去讲台上为同学们表演歌曲，同学们也都开始喜欢上了这个唱歌动听的小伙伴。她脸上的笑容多了起来，在课堂上开始积极举手回答我提出的问题，成绩也有了很大的进步。

这名学生让我有很大的触动，如今，我的梦想从原来的成为一位老师，变成了如今的当一名好老师。这里是我梦想开始的地方！

初为人师

王 佳

初为人师，这四个字对于我来说，并不合适，但又是如此准确。

2012年大学毕业，我在葫芦岛找了一份在补习班担任初中数学教师的工作，这一做就是六年。这六年里有对工作的激情和憧憬，也有懈怠和否定，但是我清楚地知道，我喜欢站在讲台上的感觉，享受跟孩子们共同成长的快乐，也乐于把自己的所学分享给同学们，我想这辈子我都会是一名老师。可能是受陈旧的思想影响，我想稳定一些，想要一个所谓的“铁饭碗”，2017年，我参加了区里的教师招聘。当时我放弃了心仪的初中数学教师岗位，选择了成功率较高的小学班主任岗位，经过层层选拔，我幸运地成了钢屯镇村小的一名班主任教师。

教了好几年初中，本以为教小学会更容易一些，可真正上岗了，我才意识到，自己真是自不量力。每天的课程教学和学生管理让我摸不着头脑，焦头烂额、惆怅、焦虑……负面情绪一起出来折磨我。

语文一直以来是我的薄弱科目，现在要教语文，我自己心里也没底，很茫然。每天看教参、背教案，小心翼翼地上课，生怕出现错误。作为一个新的语文老师我压力山大，但压力也是动力。孔子说：“教学相长。”学生们亦是我的老师，我要跟孩子们共同成长、一起进步。

从毕业到现在一直从事初中数学教学工作，对小学数学还是很有信心和底气的，可当我真正走入课堂的时候，才发现自己太可笑了，不知道哪里来的自信。开学没几天，在我还没摸索出讲课“套路”的时候，领导突击检查听课。毕竟还是有点上课经验的，我自己没感觉紧张，但是只用了10分钟就把新知识讲解完了，剩下的30分钟就尴尬了，做完准备的例题，只能做些书上的习题了。终于熬到下课，我怀着忐忑的心情跟着两个领导回到了办公室，准备接受批评。我低着头，不好意思看他们，手心微微冒汗。偷瞄了领导一眼，两位领导看着我笑了笑，接着开始评课，没有客套，针针见血，说得我心服口服。

作为小学教师，我的字迹极其不合格，没有一笔一画书写；探索新知的环节，没有体现出学生的主体地位，没有让学生去探索，这是不利于学生记忆和理解的；在各环节讲解的过程中没有过渡语；例题安排欠佳，比较凌乱；没有总结……听完领导的评价，我的眼睛酸酸的，眼泪在眼睛里打转。周老师看到了，笑笑说："没事，新老师嘛，没紧张就很不错了，慢慢来，我们那时候还不如你呢……"我知道周老师是在安慰我，可我不是新老师啊，我有好几年的教学经验呢，今天这个表现太让人失望了。我想这件事我一辈子都会记得，我知道了小学教育和初中教育的区别，学生不一样，学情自然不同，以前的教学方法要摒弃，我要像新老师一样重新学习。

上班一个半月了，我也慢慢地适应了，会精心地做好课前准备，关注每一名学生，不放弃任何一个孩子。所谓师者，传道、授业、解惑者，是灵魂的工程师。愿我们能时刻谨记，对得起如此赞誉。

十年，我走在教育路上

陈佳红

十年的时光匆匆而过，转眼间，我教师生涯的十年光景已在身后。这十年，苦辣酸甜，我乐在其中。回想这十年，最让我难忘的便是曾送走的第一批毕业生。

还记得刚接手那个班的时候，面对着55个孩子名字的名单，自己默默地许下诺言：我一定会让你们中的每个人在接下来的两年里都有所进步……

现在看来，自己曾经的诺言没有完全兑现，但那两年，我努力地付出了，所以我无憾。尤其是临毕业的那一年，犹如要上战场一般，我和孩子们并肩作战，甚至比自己当年高考时付出的还要多。

回首那一年走过的历程，面对着班级学生成绩两极分化极其严重的现实，面对着班里16个没有爸爸妈妈管的孩子，我沮丧、我无奈、我欲哭无泪……但这些消极心理解决不了任何问题，于是我开始想办法、找对策，深思熟虑后我决定实行小组学习制，将班内55个孩子分成12个学习小组，并分派了12个小组长。对12个组长的培养是我工作中的重要内容之一，因为他们将帮我管理、教育那16个没有爸爸妈妈管、根本不学习的孩子。与此同时，他们还要让自己更优秀，让组内的中等生提高成绩和能力。于是，我定期召开小组长会议，制定目标和计划，写方案、阶段总结，组长间交流心得等。现在看来，那12个组长的成长是我最大的骄傲，现在他们中的每个人都具有良好的个人素质、极高的管理能力和个性的管理方式，并具有极大的耐心和爱心……每当想起他们时，我的心里都是暖暖的。

免同学，第八组的小组长，她的头脑不是很聪明，但上进心极强。班内的每一次竞赛，她们组都名列前茅。我一直不理解为什么每次竞赛她们组的成绩都能远远高于其他组，毕竟她们组也有两个后进生啊！无数次的发现，让我懂得了其中的奥秘。一次放学后，我发现除了值日生，还有两名同学在座位上研究着什么，走近一看，是免同学正在给她们组的后进生斌同学讲题。我对他们说："放学了，早点回家吧，明天再讲。"可免同学用恳求的目光看着我，对我说："老师，再给我10分钟吧，再有10分钟他一定会了，今天的知识我不想让他拖到明天。""今天的知识我不想让他拖到明天。"这句话说得我心里很不是滋味。与此同时，她每天早上都来得很早，指导、检查组员对前一天知识的掌握情况。她不是最聪明的一个，但绝对是最努力的一个。

乾同学，第十一组的小组长，内心强大的她，在腿意外骨折的那一刻没流一滴眼泪，而当老师和同学去探望她时，她的泪水却止不住地流了下来。孩子，老师知道你有多么的坚强和懂事。还记得在一次小组讨论时，我巡视到你们组，无意间听到你的一句"你们都想造反啊"，我转身抬起头，怕你看到我的笑，这也许是你说过的最"粗鲁"的话了吧！小组学习上，你从不像其他组长那样大声跟组员发牢骚，而是身体力行、极具耐心地辅导组员。由于把二十以内的加减法都不会的娜同学分在你们组，致使数学竞赛上你们组总是落在最后，老师一直觉得很对不起你，但你也从未抱怨过。孩子，老师知道你的内心有多平和。英语大拿的你，把自己的学习方法毫无保留地教给组员，并不厌其烦地一遍又一遍地给他们讲解难题。英语考试中，之前从未及过格的同学在期末考试中得了95分的高分，老师知道那都是你的功劳……

教育生涯的十年已经过去，未来我会更加坚毅地走在教育这条路上！

帮孩子打开通向青春的大门

娄红梅

时光匆匆如白驹过隙，转眼间我参加工作三十多年了，蓦然回首，我的教育教学生涯犹如大海一般，潮起潮落，时而宁静，时而波涛汹涌，常常泛起朵朵美丽动人的浪花。

那是2004年发生的故事，由于工作的需要，学校让我任教五至六年级的卫生健康课。我没担任过这个学科，心里有些担心。怎样对付课堂上可能出现的尴尬局面呢？这对我来说简直是一次挑战。

青春期是一个人生长过程中的重要阶段，有好多朦朦胧胧的现象出现，再加上学生没接触过这一内容，课堂不好控制。开学初的第一节课是六年级一班的健康课，讲的是《青春期的生理变化》。我刚一出示课题有的学生就偷偷地笑着。当我讲到男女生青春期的生理变化并出示挂图的时候，本来就一触即发的场面立刻“——哄——”，全班哗然。我的脸憋得通红，不知道说什么好了，最后只得让他们自己看书。为了不使其他的班级出现这种现象，我求救于以前的健康老师。他们说没有什么好办法，只能男女学生分开教学。怎么能让学生接受这方面的知识呢？我准备用自己的情感去感召他们，用自己的智慧去赢得他们，用自己的语言去打动他们。利用健康课打开他们通向青春的大门，让他们健康茁壮地成长。我调整了一下自己的情绪，这时一个中学生的自述浮现在我的脑海，题目是《读懂，母亲》。何不试试？第二节课是六年级二班的健康课，我走进教室对他们说：“我们都是十二三岁的孩子，开始进入青春期。我们即将告别童年生活，步入青年。如果说童年是一首美丽的诗，那么青年就是一幅五彩的画。在漫漫人生旅途中，童年永远是美好、短暂的，是令人难忘的，但青年永远是值得珍藏的。我给大家带来了一个中学生的故事，一个中学生自己的故事。”我开始讲述这个故事。下面是故事的梗概：

石欣磊是北京市阜成路中学初二学生，是学校“翱翔电视台”的成员，他开始时一直用学校一台型号很老的机器拍摄片子。后来他考进班级前五名，爸爸给他买了一台DV。他在生理卫生课上学习了新生儿的成长过程。有些问题他没弄明白，问妈妈，妈妈也没有说清楚。因此，他总想拍下母亲分娩的镜头。他的爸爸是医生，正好有一天，有位医院的同事到他家做客。他知道明天医院有两台剖宫产手术，于是说服了爸爸妈妈，又征得主刀医生、产妇、院长的同意。他准备拍摄母亲分娩的镜头。第二天他来到医院穿上消毒服，戴上口罩，走进了手术室，心里别提多紧张了。当他把镜头对着医生的手术刀切开的刀口，看到血一下子喷出来的时候他感到头晕，手也一直颤抖着。他录制不下去了，泪水也流了下来。他来到外面，稳定了一下自己的情绪，终于把第二个手术拍完。他把片子拿到班级放映了一遍，当时班里的学生都哭了。他们的心灵受到了震撼。只有母亲才会为了把儿女送到世界上来，付出这样的生命代价。生命的开始是这样的艰难，而母亲是世界上最伟大的人，这是他们共同的感受。

讲完这个故事后，我说道："同学们，你们生命诞生的时刻也是母亲在死亡线上挣扎的时刻。在今后的生活中，我们不仅要为自己珍爱生命，更要为我们的母亲珍爱生命。让我们记住这个故事吧！你们还想知道有关孕育生命的过程以及健康知识吗？""想。"同学们大声地说。"这节课我们就来学习《青春期的生理变化》。"这就是我这节课的导入。虽然这个故事和这节课联系得不太紧密，但同学们被感染了，一双双求知的眼睛睁得大大的，整节课没有同学发笑。是的，这个年龄段的学生本身就对自己的身体变化有一种神秘感，再加上农村孩子这方面的正面教育接受得又少，于是难免在健康课上出现尴尬的场面。通过这节课的教学，我认识到作为一位教师，无论执教什么学科，只靠单纯的简单粗暴是"镇"不住学生的。只有真正热爱自己的事业、热爱自己的学生，掌握一把驾驭课堂的金钥匙，课堂才不会出现乱哄哄的场面。

如今，我不但从从容容、胸有成竹地走进课堂讲课，孩子们还把我当成了他们的朋友。我利用课下与那些女孩子们交流，向她们介绍青春期的常识和经期卫生知识，给她们提供卫生巾。经期如果不方便对体育老说，我就会来帮忙。我还分别给男女学生做讲座，引领他们正确认识并对待自己的身体变化。同学们看到我这样坦诚，与我的距离更近了。

我正是凭着对教学、对事业的热爱，点燃了孩子们求知的心灯，让灯光映出希望的蓝图。我坚信，凭着自己不懈的努力，我必将打开孩子们迈向青春的大门，让孩子们健康成长。

伴着你们一起慢慢长大

陈晓微

三年前，我与你们邂逅于三月初的一个早晨。青涩的我与稚嫩的你们相遇，我们彼此还都不清楚未来会碰撞出怎样的火花。只依稀记得你们有的仰着稚嫩的小脸注视着我，有的用无辜的双眼打量着我，有的情不自禁地说："这老师真好看。"你们不知道，当时的你们看上去是那么可爱，而我的内心却是激动又紧张的。那一刻，我悄悄地在心里许下了一个承诺：希望能伴着你们成长，和你们一起慢慢地长大。

一转眼，我们已经在一起度过了一千多天。仿佛就是那么一眨眼的工夫，你们有些人的个子已经长得比我还高了。每当想起你们的成长，我都不禁感叹："真的长大了！"而我也在不断地成熟起来，我们都在慢慢地长大，尤其今年我的感触更深。或许是因为你们给我带来了太多的"惊喜"吧！（原谅我将惊喜加了引号，因为和你们在一起的每一天，我实在难以判断是惊多还是喜多）

比如，上个学期的体操比赛，你们利用中午休息的时间，自发地去教学楼后面的空地处练习体操，还"以大欺小"地把其他班级的孩子都给轰走，俨然就是"后院霸主"。但是我知道，你们这么辛苦和努力全都是为了咱们班级的荣誉。每当我在班级里听着你们整齐的口号，看着你们那整齐划一的动作，心中就会充满无比的自豪感。我默默地在心里面说着："看呐，我们班的孩子，多团结、多懂事啊！"我不禁想为你们改写《断章》："你们站在楼下看风景，看风景的人在楼上看着你。明月装饰了你们的梦想，你们装饰了我的梦。"

你们有时候也会欺负小朋友。上学期我可是接到了不少小孩子的"投诉"，控告你们"欺负"他们。当然，我知道你们无非是看他们可爱，想逗弄一下他们罢了。我知道你们心里也是有轻重之分的，惹得也都是相熟的同班同学的弟弟妹妹，不会无故给我惹是生非，但这也免不了挨一顿我的责备。这么多年，你们从来没有给我主动地捅娄子，这也是让我感到欣慰的地方。同年组的老师都在私底下向我夸奖你们乖巧懂事，虽然我从没有当着你们的面夸奖过你们，但每每想起你们的乖巧懂事，我的心里都是很欣慰的。

再来说说最近这几天吧，我相信你们在这个班的生活是越来越快乐的。但其实我们都明白，分别的时刻越来越近了，所以，我们彼此都会更加珍惜在一起的每一刻。尤其是今天在大课间的时候我带着你们玩游戏，王紫涵悄悄地央求我用手机照几张照片，记录下这美好的时光，还说以后也许再也不会有这种机会了。孟佳宁也偷偷地跟我说，他不想上初中，要是能永远留在小学该多好啊！猛然间，我发现我们虽没有血缘关系，却胜似血脉相连的一家人。

从你们得知咱们班同学谁家里有困难就会默默地帮助他时，我早已看到了你们的成长；从你们在课堂上认真听课的眼神中，我早已看到了你们的成长；从你们懂事关怀的话语中，我早已看到了你们的成就。只是，在我的眼里你们永远都是我的孩子，是我最宝贵的财富。

我常常想，教师和孩子的相遇是爱的碰撞，不知在今后的生活中，我们还会擦出怎样的火花。我亲爱的小鬼们，让我们继续相伴成长，一起慢慢长大。在今后的四百多天里，还请你们多多关照哦！

老师爱你们！

教育是农业而不是工业

穆　迪

时间总是不经意地从我们的指尖划过，而我们能做的则是不给自己的人生留下遗憾。经过不懈努力，我终于实现了教师梦。转眼间，我工作已快满两个月了。这仅有的两个月教学过程既是漫长的也是短暂的，漫长是因为自从选择教师行业那天开始，“学为人师、行为世范”这句短短的而又充满教育力量的训诫，便时刻提醒着我要谨言慎行、不敢松懈；短暂是因为孩子们的笑声总是可以冲淡一天的忙碌。

我认为与孩子的交往过程就是享受人生的过程，其间有欢笑、有泪水，但令我感受最深的则是充实。这一点可能是没有当过老师的人无法体会到的。教学是一项艰巨的工作，它不仅需要爱心、耐心与细心，还需要无限的创造力，因为你面对的是几十个充满创造力的孩子。而且随着社会的不断发展、不断更新，孩子们的问题会越来越多，社会也在不断地要求我们教育出充满创造力、富有个性的学生。因此，我认为我们教师对于班级的管理也应富于创造性。我谈一谈在管理班级上的一些我自认为有些创造性的方法。

【案例一】

刚刚接手这个班级的时候，我对每名学生都充满着好奇心，我知道每名学生都有着自己独特的个性，于是我开始留意学生的一举一动。在不断的观察中我发现，我们班级有一个小男生非常与众不同。他总是想引起别人的注意，而爱哭鼻子则是他吸引别人的诱饵，这也许是缺乏安全感的一种表现吧。哪怕是同学间一句不经意的玩笑话他都会哭上半天，有时为了逃避责罚，他也会选择用哭的形式来解决，希望借此得到原谅。对于这类学生，开始的时候我会选择安慰，经常给予他鼓励，但渐渐地我发现虽然他爱哭鼻子的现象减少了，仍无法彻底清除，于是我选择了冷处理。当他开始为了逃避惩罚而哭鼻子的时候，首先我选择了一分钟的置之不理，然后去夸奖其他男同学。这是从侧面告诉他，男孩子应该怎么做，渐渐地我发现他不但不爱哭了，还充满了正义感。他会主动组织男同学帮助女同学做一些事情，而且课堂注意力大大提高，作业完成得也非常工整。

【案例二】

家庭作业对于孩子们来说，也许是他们最讨厌又不得不接受的任务，但是为了巩固和提高学习效果，作业不得不去完成。所以站在学生的角度考虑，家庭作业我会尽量少布置，还要重点取课堂的学习精华。但是我忽略了一点，对于本身就不爱写家庭作业的学生来说，没有少留和多留的概念，他们的脑海里只存在留或不留的概念。班级里有一个令我非常头疼的学生，他非常聪明，但是对于家庭作业可以说他从开学的第一天开始就没有认真完成过。我也曾试着和他的家长沟通，但结果令人大跌眼镜，家长对于孩子这种不按时完成作业的行为无动于衷。我也曾试图做过其家长的思想工作，结果仍然非常令我失望。于是我决定从学生本身入手，第一天对于这名学生的作业布置得非常非常少，而且内容也是根据这名学生“量身定做”，以此提高他的成就感。经过几次获得满分的成就感后，我开始将他的作业数量布置得和大家一样，而且不断地给予他鼓励，最终，这名同学也按时完成了作业。从这次事情中我得到了启示：对于一些同学，也许他并不是不爱完成作业，而是他们在作业当中找不到成就感。我们应该根据学生自身的实际情况去布置作业，让他们在完成作业的过程中获得成就感，这才是有效的家庭作业。

几个月的工作经历，使我深深地感受到，教育是农业而不是工业，教育是爱的事业。教师的爱不同于一般的爱，她高于母爱、大于友爱、胜于情爱。母爱容易出现溺爱，友爱需要回报，情爱是专一、自私的爱。而师爱是严与爱的结合，是理智的、科学的爱，是积极的、主动的爱。这种爱包涵了崇高的使命感和责任感。在我的工作生涯中，最大的事就是用爱滋润每个孩子的心田。虽然有时我也会因为学生的调皮而埋怨，因为他们的退步而急躁，因为他们的违纪而失态。虽然有时我也感到很累、很烦，但这时心中总会涌起一种强烈的责任感：我是老师，我要给这些寻梦的孩子引路，在他们心里写一本最美的书。这强烈的意识不断激励着我以真诚去拥抱每名学生。与孩子朝夕相处，我始终想着两句话，那就是“假如我是孩子”“假如是我的孩子”。这样的情感使我对孩子少了一份埋怨，多了一份宽容；少了一份苛求，多了一份理解；少了一份指责，多了一份尊重。家长把天真烂漫、聪明伶俐的孩子交给我们培养，这是对我们极大的信任。我又怎能不全身心地去爱他们呢？我坚信，我们也一定能以一片至真至诚的爱心感动全体学生。

我的教育教学故事

曹长安

二十多年的教育工作，让我学会了不能用一把尺子来衡量所有的孩子，在日常教学中，不妨多动动脑筋，用一些既有效又能让孩子、家长都接受的好方法。而教学工作中遇到的一些事，恰恰与这句话不谋而合。

有一天上语文课的时候，发生了一件让我始料未及的事情。上课过程中，有一个男孩子不停地打扰其他同学，以至于其他同学都无法认真听课，我一气之下把他的小红花撕了，而孩子哇哇地大声哭起来。我的心里咯噔一下，我在想是不是我的做法欠妥当，他的名字后面空空的，任谁看了心里也一定不舒服。

上完课我心里有些不安，我在想我的做法是不是伤害了他的面子。但我又觉得这是为了激励孩子，而且这种方法也是其他老师一直用的，家长为什么不理解呢，心理承受能力不会这么差吧！再说了，我也不是针对哪个孩子不给奖励，而是在考量时发现孩子符合的条件太少，而我不能破坏奖励规则，要保证公平才能服众啊！

回家之后看到女儿已经睡了，胖乎乎的小手上贴着一朵小红花。孩子的妈妈悄悄告诉我："咱闺女今天上学，老师说她有进步，奖励她一朵小红花，她做什么事都不让撕下来。"听完后我也自豪地笑了。突然，我想到了今天在学校的一幕，是啊，同样身为家长，我又怎会不知道孩子的点滴进步都会牵动家长的心呢？

之后那个男孩的家长给我发了一条长长的短信，其中言语有些偏激，我也终于意识到了其中的问题。回到办公室，我把平时对这位孩子的教学方法进行了反思。确实，孩子身上缺点不少，可是有时候我的教育效果也并不明显，做法可能太过偏激。但通过这件事，我也意识到这种奖励机制本身存在着一些弊端，当一些孩子整天看到展板上自己得到的小红花始终落后于别人时，他们也会觉得自卑，会觉得不好意思，作为教师的我们应该站在所有孩子的角度去看待问题，而不是只考虑学习成绩优异的孩子。同时我们不能奢望每个孩子都能“奋起直追，迎头赶上”，但是希望他们都能用积极的心态去面对未知和已知的事物。

经过这件事，我对全班孩子进行了更为细致的分析。在奖励机制的设置上给了他们更大的空间，评价时也是多方面综合评价，从而激发孩子的兴趣，发展其优点。同时我取消了贴“奖励花”的奖励机制，保护了孩子的自尊心，对一些相对落后的孩子心理上也能起到更好的保护作用，而且考量评价的范围也有所改变。我接下来将从以下四个方面对孩子进行考量。

（1）学业方面；

（2）纪律方面；

（3）自主研究方面；

（4）积极性方面。

对一些行为有偏差或者后进生，考量的尺度也会有所不同，从而保证孩子之间不会有太大的差距，不至于打消孩子的积极性。之后的每次评定也不全是我自己的事，而是全班学生共同评定，让学生们参与其中。

教育孩子并不容易，孔子有句话叫“有教无类”，从今天起，我会把这句话作为自己教育孩子的座右铭而时时牢记。

良 爱

段菁芃

荏苒的时光带我走过了两年多的烛光岁月，教书育人是我上学时学校墙上的敬语，而如今换成了我要去做的事情。在教学过程中，我发现当今的教育育人要难过教书。

小学生过的是童年时光，所以童年是美好的印记，应在学中玩，在玩中学。我带他们在形式多样的课堂上学习英语，告诉他们要学以致用，很开心的是在学校的一次大扫除清理活动中，我的任务是擦二楼东数第七块玻璃。由于窗户正对着楼梯，当然要格外干净明亮，蜘蛛侠式的我飞檐走壁在窗户里外，外面够不到的地方探出头去，危险的动作招来了细心的女同学，她们俩急匆匆地走过来说：“一、二、三，Be careful！老师当心点！”我听到这突然又熟悉的关心语后转过身回答：“OK，Thank you very much.”非常感谢这两个小美女，心里想的是好孩子我会的。当时我心里暖暖的，想到她们学会了短语而且用在了生活当中，我很欣慰。

还有在一节三班的英语课上，比拼背单词的时候，我看到平时总也不举手的女孩举起了小手，在叫她和她的伙伴参加完活动之后，我给她们组加了两颗星星。可是别的同学都在窃窃私语说：“凭啥给她加两颗，不应该是一颗吗？”我听到后说：“我们是一个大集体，首先要互相谦让，其次你不愿意鼓励一下平时只给你鼓掌的同学吗？”从此以后，课堂上学生们再也不埋怨得到几颗星星了，而是学会了互相帮助。

英语老师在某种意义上就代表了英语的某些特征，如果英语老师不能让学生对你产生认可，就会让顽固学生不屑于英语学习。很多时候我反复问自己，这个演员你当好了吗？我也愿意亲近学生，笑容满面地教学，可是调皮的、喜欢搞小动作、喜欢欺负好说话老师的学生就会钻空子，所以严厉成了我课堂教学规则的第一条。不知何时起我讨厌现在的自己，因为学生口中的语言都是：“某某老师厉害，上她的课不敢玩耍……”我坚持这样做的理由是，溜号一分钟就会失去六十秒的知识点，所以固然我做了讨厌自己的事，也要严格对待学生。

马卡连柯说过：“教育技巧的必要特征之一就是随机应变的能力。有了这种品质，教师才可能避免刻板的公式，才能估量此时此刻的情况特点，从而找到适当的方法并加以正确地运用。”在一堂月考前紧张复习的英语课上，我用图画和巧妙的方法教学生们背诵词句后，我点了几名“不要强”的同学到前面考错误的单词和短语，他们一个个只背对了几个而已，我用严厉的态度要求再次学习。巧妙背诵后轮到了佳龙同学，我以为他会和前几名同学一样，甚至还会背得更少，而令我吃惊的是，问一个对一个，问一个答一个，同学和老师的目光都聚集到了他的身上。此刻我看到他低着头，我拍拍他的肩膀竖起了大拇指，说了句“Great”！同学们为他鼓掌，他渐渐地抬起头露出自信的小脸，下课后我再次鼓励了他。此后的每堂英语课中，我都能看到佳龙同学的眼神跟随着黑板，他的学习成绩也进步了许多。

有句话叫：活到老，学到老。虽身为师却有师，我们也要不断地向有经验的老师学习。一切为了学生，希望和家长学校共同督促、共同进步，给学生美好的爱。

爱，可以融化一切

孙　娣

2008年9月，我怀着一颗对教育事业充满热情的心，踏上了我的教育之路，开始了我的教师生涯。

初为人师的我在班级管理方面还不是很熟悉，我带的是新一年级，孩子们调皮、不听话，我一时手足无措。通过一段时间接触，那一张张稚嫩的面孔，一双双天真无邪的眼神，深深地感染了我，并让我决心尽自己最大的努力去教育他们、去爱他们。

刚上班的前两个月我几乎每天都与这些小豆丁们斗智斗勇，按照小学生的标准要求他们。慢慢地，孩子们养成了良好的学习习惯，他们的学习也从此走上了正轨。

班里有个小男孩让我很头疼，他上课不认真听课，铅笔拿不好，用尺子画的线全是歪的，书包、课桌每天都乱糟糟的，作业总是最乱的一个……因此同学们经常嘲笑他。为了改变他的状态，我把他安排在离我最近的地方，以便我课上、课下及时给予他指导。于是，课余我只要有时间就引导他整理书包、课桌，正确握笔……开始时他对我还心存芥蒂，同时伴有恐惧心理。为了消除我们之间的障碍，我开始和他友好相处，我一有时间就给他讲故事，和他谈心。时间一长，他就慢慢地接受了我。我趁热打铁，与他的家长沟通，家校联合。经过一个多月的共同努力，他养成了好习惯，有时甚至比其他同学做得还要好。为了让其他同学改变对他的看法并和他和谐相处，我有意安排了一次“朋友手拉手”的主题班会。班会上，看着孩子们的热情和孩子们出色的表现，我的脸上露出了欣慰的笑容。从此孩子们将对他的嘲笑转化成友情，我再次感受到孩子们的无邪！他很有上进心，到高年级时成绩名列前茅，并在去年考进了本市一高中。寒假时孩子来看我，说：“老师，谢谢你，没有你就没有现在的我。”我的眼睛湿润了，虽然他的成绩是靠自己的勤奋和努力换来的，但这让我更加坚信——爱的力量可以影响一个人。

2014年，我送走了陪伴我六年的可爱的孩子们，同时又迎来了纯真的小天使。第二学期开学时，我发现原来活泼好动的孙新皓变得少言寡语，不愿与同学交流。原来，孩子父母离异，父亲又生了病，年迈的奶奶照顾他们父子俩。在以后的日子里，我经常与孩子谈心，并发动全班同学和他做游戏。过了一段时间，那个活泼可爱的小男孩又重现在校园了。同年的十一月我因病请了两个星期假，我所在的学校是村小，冬天靠火炉取暖，平时都是我到学校后再点燃炉子。可当我回来上班的第一天，刚进教室，一股暖流从身体涌进我的心里。孩子奶奶告诉我说："孙新皓说你病了，今天来上班，怕你冷，让我来点炉子。"我抱住了孩子，热泪盈眶……

我工作着、感动着、幸福着！十年的教师生涯，有苦有甜，有欢乐也有困惑。经验告诉我，一位教师必须爱孩子，关心他们的快乐与悲伤。因为我坚信，爱可以让人变坚强，爱可以让人学会理解，爱可以让人拥有幸福，爱可以融化一切！

用爱点亮一盏心灯

王　琳

在我的记忆中，有这样一句话："生命中有一种强大的力量和命运抗衡，这种力量就是——爱。"爱是千里冰川上的一团火种，爱是茫茫暗夜里引航的灯塔，爱是历练风雨亘古不变的话题，爱是冥冥之中心灵殷殷的守望……

每当提起爱，我就会想起我教过的和我正在教的这些小不点们，曾有的经历让我刻骨铭心。记得刚来老爷庙时教过一个小女孩，现在她已经上初中了，想想她能坚持下来是多么不容易啊！她那时没完没了地哭，哭了一两个月，搂着、抱着、哄着、劝着、端水、喂饭、洗脚、讲故事……为了能让这个孩子放开心怀、安心上学，我使出了浑身解数。

有一天，她竟哭着说："老师，我爸爸妈妈是我的亲生父母啊。"我孩子气地小声嘟囔了一句："那我也不是后老师呀！"她"噗"地一笑，又很有节奏地哭了起来。我真的很心疼这孩子，好说歹说她就是哭，没招了！我索性说了一句："完了，气死我了。"就趴在桌子上一动不动了。谁知她竟跑上前来，一边给我揉胸口一边搬脑袋，并大哭道："老师，我的好老师，你可别死啊！我再也不哭了……"太阳出来了！办公室的老师都禁不住笑出声来。慢慢地，孩子开始坐在课堂里安心学习了。更有一次，她竟把自己的艺术照送给王老师和我以表达她的诚意，让我们感到莫大的欣慰和鼓舞，从而让我对孩子更生怜爱之情。

最难忘的是在上学期，班里的崔某因为身体缘故意外抽搐，当时真是吓坏我了，学校的同事急忙叫车将孩子送去了医院，从入院到护理，我们几位老师忙忙碌碌……直到她的妈妈匆匆赶来，医生由衷地说："老爷庙的老师真好！"的确，在老爷庙与这样的老师们、学生们一起生活，虽然辛苦，但我感觉很快乐。虽然我们的成绩不够突出，但这丝毫掩盖不了老师们的辛勤汗水，掩盖不了老师们的无私奉献，这一切，将会珍藏在孩子的生命记忆里。

每天放学，我班都会有因家长不能及时来接而留下来的孩子。作为班主任，我总是陪伴着他们，等待他们家长的到来。这时，我会和孩子们聊一聊天，了解他们平时的生活，同时打发一些时间，不会让他们因父母有事不能及时来接自己而感到孤单和冷落。此外，在面临期末统考的时候，为了给后进生补课，我常常牺牲我的课余时间。一天，一个孩子从书包里拿出一个面包，小心翼翼地送过来；接着，一个孩子马上倒了一杯热水举到我面前。看着孩子们天真无邪的小脸，看着面包上赫赫醒目的手指印，什么苦呀、累呀，真的值了！

试想，教师从事的是教书育人的职业，假若教师本身不具备现代人格，那么培养出来的下一代就可想而知了。说真的，对于小学培育我们的教师，不知为什么我们总不能忘却。他们的音容笑貌、他们的坎坷人生、他们的敬业精神、他们的高尚人格，在我的心里打下深深的烙印，他们永远都是激励我奋进的力量。我想，教师爱学生就要把欣赏的目光投向每一名学生，让更多的孩子从中感受到殷切的期望，体验成功的喜悦，获取向上的动力。以前，孩子小，多少有一些放不开手，总有点越俎代庖之嫌。经过反思之后，我尝试着放手，经过一段时间，我惊异地发现：原来我的孩子真不简单呐！以前开班会，我都会忙得像个陀螺似的，可效果不是很明显。现在不同了，从确定主题、组织内容、分派任务，直到串联词的编写……我只需把把关，就可以分享他们的劳动成果了。

其实有时我们不必强求孩子出类拔萃，保持一颗平常心，高分数求不来，但德行可以塑造。爱不是姑息，不是纵容，被我教过的孩子都知道我是一个非常较真和严格的人。有一次，一名学生无意中拽掉了教学楼前厅的条幅，带班老师怕给班级扣分，就把它藏到了班级的讲台里。我发现后，鼓励孩子去老师那承认错误，真的感谢那位老师，他表扬了孩子。我在班上讲了这件事，并讲了列宁、里根小时候的故事，使学生受到教育，以后班级再出现这样那样的事，孩子们都敢于承担责任了。

有一句话说得好："爱自己的孩子是人，爱别人的孩子是神。"这句话深深震撼了我，我们虽不是神，只是凡人，但人格的魅力让我们传承了这份人间真爱。在生活中，多为孩子找优点，充分发挥他们的潜能，让我们把学生当朋友，没有长幼高低之分，没有聪明愚蠢之别，那在我们眼中，每个孩子都是一颗会发光的金子。不知各位同仁是否有同感，关于我们的问题学生，我们常常有一些想说爱你却不容易的感觉。其实问题学生是本艺术真经——他们能历练我们爱的功力。他们常常使我们头痛、忧虑、愤怒、大发雷霆，甚至是魂牵梦绕……这顽石、这堡垒，搅得我们日日不得安宁，时时提心吊胆；我们曾发狠过、发恨过，任其自然吧……然而，一旦发现问题，我们就忍不住去管、去问，因为他们已走进我们的心里，爱和责任让我们责无旁贷，我们不会轻言放弃。

的确，爱一个好学生容易，那么爱一个问题学生是不是真的好难？

此刻，我的眼前不禁浮现出一个孩子的身影——他就是胡同学。这是一个五官端正、眉清目秀的男孩。可不出三秒钟，你就会有全新的感觉，他真是太顽劣了。看那个在走廊里，摇头晃脑地疯跑，直到跑过班级也没刹住闸的，是他；那个被同学修理，放声“歌唱”的是他；如若哪一天，孩子都抢着回来报告，你不用问下文，遣送回来的准是他……有的老师不无感慨地对我说：“这孩子可真难管！”是的，这个缺少爱、在棍棒下长大的孩子身上，的的确确存在好多问题。说心里话，每当他犯错时，我也恼也怒，可他一旦站到我面前，那乖乖的小样子，让我真的烦不起来。我用心解读着这个小男孩，深深地感觉到，这家伙绝非等闲之辈。他的小脑瓜机灵着呢！他会变好的，爱让我学会了等待。

有一天中午，大家把吃剩的白兰瓜皮扔进了垃圾筒，瓜皮越扔越多，这时，胡同学从座位上站起来，端起垃圾桶去倒。咦，今天太阳可是从西边出来了，这小家伙怎么这么积极？左等、右等，第二遍铃都要响了，还没见到他的人影。是不是上厕所又忘带纸了？一名同学接受任务刚奔出教室，就和他撞了个满怀。在那一瞬间，我注意到孩子的裤兜鼓鼓的，把裤子赘得都快掉下去了，大肚皮露在外面。哦，我恍然大悟：早晨，我把没收的小纸卡扔在垃圾桶里了……我不动声色、真诚地对他说：“你真是个爱劳动的好孩子！”可在表扬他的时候，我的目光一刻也没有离开他的裤兜。他似乎明白了什么，默默地走到我面前，十分不情愿地掏出小纸卡……之后，他在日记里写道：“老师，谢谢你！”我很感动，便当众读了他的纸片，因为我知道他敬我、爱我，他在乎我对他的评价，哪怕一句微笑、一句肯定、一次严厉的批评。这不由使我想起一次班会上孩子讲的故事。

在一个暴风雨后的早晨，一个男人来到海边散步，他注意到，一个小男孩在捡昨夜被暴风雨卷上岸来、困在浅水洼里的小鱼。终于，这个男人忍不住走过去：“孩子，这水洼里有几百、几千条小鱼，你救不过来的。”“我知道。”小男孩头也不抬地回答。“哦？那你为什么还在扔？谁在乎呢？”“这条小鱼在乎！”男孩儿一边回答，一边拾起一条鱼扔进大海。“这条在乎，这条也在乎！还有这一条、这一条、这一条……”

对一位教师而言，“这一条”是千分之一、万分之一；但对一个家庭而言，“这一条”却是百分之百的期待，他承载着整个家族的希望。庄稼毁了可以再种，东西丢了可以再买，春去了可以再来，可人生没有轮回，孩子的命运就握在我们的掌中，相信爱会使他们从此与众不同！

因为一位合格的教师就是一盏灯，他的光不一定耀眼，但是一定能够长久地照耀着学生的人生道路。“捧着一颗心来，不带半根草去。”他们宽容地纠正学生的错误，却不肯原谅自己的过失。他们能以满腔的热情去点燃学生思想的火花，在学生的心目中，他们永远年轻。他们以高尚的人格熏陶学生，塑造青少年美好的心灵，立志把学生培养成“大写的人”。从他们身上，学生不仅学到了渊博的学识，更获得了终身受益的做人道理，熔铸了道德的丰碑。他们无欲而刚，不怒而威，举止有道。学生因亲其师而信其道。

我是一位小学教师，学生就是我心中丝丝缕缕的牵挂，我愿用爱点亮一盏心灯，指引孩子生命的航程。

爱的感动

邓志强

从事小学音乐教学已经很多年了，它给我最大的感触就是，每次走进教室，迎接你的都是孩子们既兴奋又期盼的眼神。我觉得，除了收获知识，孩子们更多的是想在音乐课上找寻片刻的放松和快乐。而我得到的就是教授学生知识后的满足感和那些看起来微不足道却令我感动的一件件小事。

记得有一次，我去二年级上课，由于当时生病刚好，身体有些虚弱，我就对孩子们说："老师今天身体不舒服，只能坐着给大家上课了，实在抱歉。"可是回头我才发现，班上没有多余的椅子，这时，有好几名学生把自己的椅子搬到我的面前，一句"老师，您坐"写在一张张笑盈盈的小脸上。"我不坐，你们赶紧坐好。"我很激动，让孩子们把椅子搬回去；我的心里很感动，虽然举动很微小，但是孩子们太细心、太可爱了。

还有一节音乐课，我在做节奏练习的时候，发现角落里有一个孩子低着头玩着什么，并没有参与到大家的学习当中。于是，我主动叫他来给大家做练习后的展示。这时，好多孩子都笑了，有的学生说："老师，你不要叫他了，他什么也不会。"我并没有理会，鼓励着他。当他胆怯地打完节奏后，同学们都呆住了，节奏打得多好、多准确呀，班级里响起了掌声，他也露出了自信的笑容。第二天，我在办公桌上看到了一个大大的苹果，苹果下压着一张纸条，上面写道："老师，其实我并不是不会，只是胆子小，什么也不敢参与，时间长了，同学们都笑话我什么也不会，谢谢你帮我找回了自信。"这时，我才深深地体会到老师这个职业的责任之重大，老师的一个举动或许真的会改变一个孩子的一生。

我每天都被孩子们这种稚嫩的行为感动着，被孩子们可爱的童心感动着。我爱我身边的这些孩子们，细心观察他们，他们每一个都是那么天真、活泼和可爱。现在，我可以大胆地说，作为一位老师，我无怨无悔，我愿把我的一切都奉献给教育事业，奉献给我那些可爱的孩子们。

播下善良的种子

陈　雪

在我还是个孩子的时候，我的父母就教育我一定要做一个善良的人。如今我已长大成人，并且走上了教育工作岗位，我也希望我能把这种思想播撒到我的学生心中！

从小就在他们的心中播撒善良的种子，把爱植入孩子们的心灵，让孩子们的心田盛开善良的花朵！我想一个内心善良的孩子，他的世界一定是明媚的天堂！

我是这么想的，也是这么做的。人的智商分高低，人的成绩分优劣，但人的品质是不应该有差别的，而且我认为善良品质的培养比知识能力更加重要！

一、特别的爱给特别的你

35岁的我，如愿地怀上了自己的第二个孩子。相比十年前的我，现在的我步履蹒跚，我班同学都看在眼里，不管是谁在楼梯里看到我，他都会主动地把我扶上来。孩子们的懂事，让我倍感欣慰！

我们学校中午吃饭的时候，是需要老师到食堂打饭然后再回到班级里吃的，这对于我来说并不是一件轻松的事情。因为我最犯怵的就是上下楼，下楼的时候总怕自己会踩空然后摔下去，所以走起路来都是小心翼翼的；上楼的时候虽然不担心自己会摔倒，但是又感觉非常累，每一步都很艰辛。我班有一个小男孩儿叫王天赐，在我从食堂打饭回来的时候，他便会从教学楼里走出来，看似是无意当中的相遇，然后把我的饭盒带到楼上去。开始的时候我以为他是无意而为之，但是一次、两次、三次，怎么会每次都那么凑巧刚好我回来的时候他出来呢？

在我的头脑中，闪现出一个大胆的想法：“难道他是特意来接我的吗？”虽然心里是这么想的，但我又一想他的年纪还这么小，怎么会想到这一点呢？于是在经过几次以后，我便试着去问他：“你是特意来接老师的吗？”他腼腆地笑了，然后说：“是。”没有过多的语言，没有华丽的辞藻，没有浮夸的表情，唯有一颗善良的心让他这样去做，我的心暖暖的、热热的，有一种幸福在流淌！我教育出了一个内心善良的孩子，他用他的实际行动在肯定着我的教育，在回报着我的付出，在回馈着我们的师生情！

二、潜移默化的教育

善良并不是说有就有的，而是要从点滴入手。看到别人有需要会主动去帮忙，而不是漠然地冷眼旁观。如果没有善良的心灵，他也不会为别人着想！

我们班的同学负责打扫大厅的卫生，这是学校的门面，也是每个人走进教学楼的必经之路。我们班的孩子都特别认真负责，把大厅打扫得一尘不染，地面就好像是能反光的镜子。

可调皮的孩子总是有的，就在我班的孩子们打扫干净以后，有几名同学就把地面踩脏了，据说还是故意踩脏的，我班同学当机立断找到了他们班的老师，详细叙述了情况，让老师说说这几名同学，不要再去破坏大厅的卫生。我们五年级的老师就带着这几名同学到了大厅，让他们来完成我班同学的工作，想让这几名同学体会打扫大厅的不易，用实际行动去体会自己的行为是错误的。但当我班同学得知五年级老师的想法以后却上前劝止了老师，说那些同学既然已经知道自己做错了，那就可以了，不要再让他们去干这个活了，还是我们自己干吧！我就在想，这无形当中又给那几个犯错误的孩子上了一课，做人要做一个心胸宽广的人、一个得饶人处且饶人的人、一个心地纯洁善良的人。

我在潜移默化地教育着我的学生，而我的学生又在用他们的实际行动去感染他们周围的人，这就是教育的一种延续、一种传递。我很庆幸我选择了一种正确的教育方式，也很庆幸我的孩子们能够把善良埋植在内心深处，也希望他们无论何时、无论何地都能永葆一颗善良的内心，不忘初心！

洒下爱心，收获快乐

佟　岩

从教十年，我作为一名普普通通的乡村老师，工作中没有轰轰烈烈的先进事迹，我只是以平常心做着平常事，犹如大路边一株清雅的百合，不为取悦偶然路过的行人，只为那一张张充满天真稚气的笑脸。看着他们每天都能进步一点点，那就是特有的一种人生享受。为了他们，我在这条路上践行着我的誓言：洒下爱心，收获快乐。

自从成为英语教师的那天开始，我就一直努力地让我所教的孩子们在他们小学毕业后能够自豪地说："虽然我的英语成绩不是最好的，但我一定是最敢开口讲英语的。"我校孩子英语基础较差，大多数孩子都是和老人生活在一起，老人们年龄大、农活多，不能在家里督促或帮助孩子完成学习任务。为了让我校的每个孩子都能开口说英语，就得充分利用孩子们在校的时间。光靠课上时间是不够的，因此我带动我校三至六年级学生从中午12：30～12：50进行英语阅读，阅读内容就是每班英语课本上的课文。最开始由我布置任务，中午走进每个教室进行指导、检查。半学期之后，上课举手发言的同学越来越多。现在孩子们已经养成了中午阅读英语的习惯，由课代表组织阅读，每天坚持着，从未间断。阅读在潜移默化地影响着每个孩子，也许连孩子们自己都不知从什么时候开始自己敢开口说英语了，但他们的进步我都看在眼里、乐在心里。阅读培养了孩子们的语感，让他们的口语得到了提升，也建立了他们学习英语的自信心。

在我的从教经历中，我始终坚持："多一点爱心，多一点耐心，多一些鼓励。"我校六年级有一个男孩叫明明，他经常与同学发生口角，英语作业很少完成，课上注意力不集中。记得有一次，他英语作业没写，我把他叫到办公室。我对他说："和老师说说，为什么没有完成作业呀？"他不但没理我，还用眼睛瞥了我一下，我当时感觉有簇小火苗马上就要从嘴里窜出来了，我深吸一口气对他说："你先回去吧，利用课余时间把作业补上。"看到他离去的背影，我告诉自己我得帮帮他。首先，我从他的班主任那儿了解了他的家庭情况，父母外出打工，他和奶奶生活在一起。原来他是个缺少关爱的孩子，于是我开始寻找他身上的“美”。虽然他上课经常走神，但对于一些简单的问题也会思考一下。发现这点后我决定调动起他的学习积极性。首先从读一个简单的单词开始，如果他读对了，我就及时地给他点赞：只要他举手，我一定第一个叫他回答，而后都会给予他一个赞许的目光。如果不对，我也不批评他，而是用鼓励的眼光与口吻对他说：“你很聪明，下次用心听，一定会说得很标准。”慢慢地，他举手的次数变多了。小组合作时，我会特意告诉小组长，给他分配一些简单的问题，或读一些简单的句子，在同伴的帮助下，他也乐意参与到其中了。他也愿意和同伴一起进行角色表演。课下我经常看到他帮助低年级的同学抬水，看到哪位老师手里拿着垃圾袋，他都会急忙抢过去。观察到这些进步和优点后，我就会利用午休时间及时地与他谈谈心，交流一下他最近学习上的进步，并表扬他在生活中做的好事。慢慢地，我发现他的笑容多了，和同学争吵的次数少了，课堂作业他都能按时交上来，虽然字写得不太端正，但都在进步中。有不会做的题他还会跑到办公室来问我，这也让我看到了希望。现在他每次看到我都会大声地用英语跟我打招呼，我也会美美地回应他一句。有一次我感冒了，嗓子沙哑，在下课回办公室的路上，他急忙追上我把一盒感冒药塞给我，然后转身就跑了。我的眼眶湿润了，对于我来说这些已经足够了。

孩子们纯洁的心、深厚的意，净化了我的心灵，激起了我对教育事业深深的爱，我体会到了一位教师最大的幸福和快乐。关注每名学生，关注每个细节，多一点爱心，你美丽的微笑与宽容的态度就是对孩子最好的教育！

那些阳光灿烂的日子

田媛媛

如果说孩子是这个世界上的可爱天使，那么，我的每个孩子都是美丽的小天使，他们总是能带给我意想不到的惊喜和无穷的欢乐。即使身心再疲惫不堪，我也会因为孩子们的一个可爱笑容和单纯的眼神而感到心旷神怡。这种感受大概除了父母之外只有老师最能体会到了。自从和我的这些小天使们相伴之后，我渐渐习惯了静静地坐在教室的后面陪着他们；渐渐习惯了他们对我天真无邪的微笑；渐渐习惯了他们对我的无话不说；渐渐习惯了他们在黑板上留下的扭扭歪歪的字迹；渐渐习惯了每天听到他们鸡毛蒜皮的小事而笑到捧腹；渐渐习惯了有他们的生活。

一、被牵挂的幸福

有一天上午我去中心校办事，直到中午才匆忙地赶回学校。到了学校停好车，我便直接去了班级。

刚走到班级门口，班长就迎过来问我："老师你怎么才来呀？"

我微笑着说："上午去中心校办点儿事。"

当我走到讲台上时，子歌同学看到了我，兴奋地说："老师，你刚来吗？你吃饭了吗？今天同学们一上午都没看见你，都想你了！"

这时天竹同学走到我面前有些腼腆地笑着说："老师，真的想你了！"

天竹的这句话逗得大家哈哈大笑，班级里充满了欢乐的气氛……

我坐在讲台上，看着讲台下学生们正在津津有味地吃着午饭，回想着刚才同学们的关心，回想着他们牵挂的表情和暖心的话语，心里莫名地涌出一股暖流。我想，大概只有老师才能体会到这种幸福——被无数的小天使牵挂着的幸福——这可能就是甘为红烛的最大动力源泉吧。

二、夸出来的好学生

刚接手一年级的时候，我确实头疼了很长时间，因为年龄的关系，大部分孩子还不懂得遵守课堂纪律，经常是摁下葫芦浮起瓢，在课堂上不仅要讲授知识，还要花费大量的时间去维护课堂秩序。在刚开学的一个月时间里，我有一种身心俱疲的感觉，自信心也受到了很大的打击。在这段时间里，我经过观察发现，周××是最不听话、最调皮的一个。在课堂上我带着孩子们畅游在知识海洋中的时候，他却沉浸在自己的“小世界”里。一开始，我非常生气并大声地训斥他，他却用一种异样的眼神望着我。到了下一节课他更是变本加厉，要不就是搞小动作，要不就是接老师说的话。就这样，一节课下来我被他一个人折腾得够呛。到了后来，经过反复地观察和思考，我决定换一种方法和态度对待他——尝试着去表扬他。在课堂上，我刚讲完一个知识点，趁他还没搞怪的时候就率先提问他：“同学们，看看咱班的周××这节课表现得多好呀，不搞小动作了，也不接老师的话了，表现得特别好，同学们都要向周××学习！”表扬完之后，我发现他听课的态度明显改变了很多。那节课周××把这种状态一直保持到了下课，于是我又趁热打铁，把他叫到办公室，大大地表扬了他一番。自从那天之后，他上课听讲的态度越来越好，小毛病也越来越少了。不只是我的课，其他科任老师也反映他最近的进步非常大，学习态度特别端正。这件事之后，我发现每个孩子都需要老师的鼓励，哪怕是一个微笑，一次口头赞美，对他们来说都可能是一次巨大改变的契机。

自从我加入教师这个神圣而又光荣的队伍，在经历了这些让我痛并快乐着的时光之后，最让我难忘的还是那些和孩子们朝夕相处、阳光灿烂的日子。

记九岁的小班长——孙绍卿

孙　健

这个班级有两名班长，一名男生和一名女生。今天这个故事的主人公是男班长。他的名字叫孙绍卿。孙绍卿当班长快一年了，有一定的管理经验。

班主任布置完学习任务后，安排孙绍卿负责本节课的纪律。老师叮嘱几句后，就去开会了。稍后：

“老师刚才说什么了？”班长质问全班学生。

“写字时，坐姿也要端正。”班长补充说。

他在教室里巡视两圈后，指着一名大个儿男生说：“自己写，别嘟囔。”

“老师在，你咋不说呢？”他用责怪的语气说道。

班长手里握着半截儿粉笔，指间夹着黑板擦，反着手在黑板上擦了擦，然后在黑板右侧的评比栏上减去1分。

看着他的架势，宛如一个成年男教师的形象，尤其是那反手擦黑板的动作。

“这第四组都扣去5分了。”他带着遗憾的语气对我说。

“你很有管理经验啊？表现不错。”我夸奖道。

“孙绍卿，今年多大了？”我又问。

“我今年九岁了。”班长冲着我一本正经地说，“要不都上三年级了，上幼儿园晚了。”

说完，他朝教室后面走去，与一名男生交流起来。那名男生向前俯着身子。

他又转身两步走到了西北角，查看最后一排里座的女生写了多少。我在教室的东南角，只看到他们在轻声地说着什么，双手还比画着。

这个小班长，年龄虽然小，但是比较成熟。接触不到两个月，他给我留下了很深的印象。

在这个班级，最吸引我的是南面数第二行第一位的小男生。他单眼皮，嘴唇很薄。虽说是男孩，但头帘长长的、齐齐的，应该是发型所致吧。

刚才课间时，他走进教室，刚到讲桌旁，突然立正站好，敬了一个标准的队礼，且声音洪亮地说："报告。"他用调皮的眼神看着我的反应。我没有言语，表情严肃。他知趣地转身回位了。他是老师眼里的"小调皮"。

班长回到南行中段自己的座位上，用枣大的转笔刀削了根铅笔。与此同时，嘴里仍不忘工作，他不抬头地说："谁说话呢？"声音拉得很长。

"老师，我可以上趟厕所吗？憋不住了。"他放下手里的铅笔和转笔刀，快步走过来请假。

课间时，学习委员拿着一本语文练习册来找他，在他的课桌旁合计了一阵子，两个人都没有出教室，这我是知道的。于是，我点头表示同意。

随后，一名敦实的男生来到我的面前，说："老师，可以去厕所吗？"我抬头看了看教室后面的钟，用一种近似商量的语气说："他去了，你不能马上去。再有十来分钟就下课了，能坚持吗？"男生点头回去了。

班长出去了，教室里暂时出现空档，学生们会有怎样的表现呢？我寻思着、关注着，确有状况发生。你看，发生争执了不是？

"小调皮"里座的女生手里拿着一张纸，纸上写没写字不知道。两个人谁都没有讲话，互相看着。男生想看看女生想要干什么。女生的眼睛盯着男生，双手使劲地将纸撕成两截儿，脸上还有一种似乎解气的神情。叠上，撕开，再叠上，再撕开。那种解气的神情愈发明显了。愤怒的情感，在眼睛里，也在手上。然后，她将纸从桌子底下扔进了前面的废纸箱里。"小调皮"什么也没说，什么也没做，只是安安静静地看着。谁让他用铅笔画人家的本子了。那速度之快，如果不是我目光所及，根本看不到他的动作。

在这个班级，我关注得最多的是这名男生，因为他特别嘛。而对他的同桌——一位梳着马尾辫的女生却没有什么特殊的印象。只见她白净的脸蛋上，透露出倔强的神情。她的上身穿着一件红色半截袖，衣服的领子和袖口镶着白边，鲜红的领巾端端正正地系在脖子上。眼睛还瞪着她的同桌，余怒未消啊……

这时，门开了，班长孙绍卿回来了。教室里安静得很，仿佛什么事情都没有发生过……

抽奖风波

刘晶晶

周五的最后一节课，一周纷繁芜杂的工作即将结束，这一周班级纪律、卫生都不错，板上钉钉的红旗班级。我迈着轻松的步子慢慢地走近班级，在走廊里就听见教室里乱哄哄的：“我抽到的是一把战斧，可神气了！”“你的算什么，我抽到了一支手枪”“哎！你们运气都那么好，我白搭了五角钱”……我加快脚步，这时看见值周领导气冲冲地走进班级，在批评教育我班的同学之后，“无情”地宣布：“今天你班严重违纪，这周的红旗班级评比一票否决！”

我的血一下子冲上脑门，大声质问这是怎么回事。孩子们一个个垂头丧气地耷拉着脑袋，有一个没逃过我眼神的男孩怯生生地说：“学校门口小超市举行抽奖……”我一听，气就不打一处来：“平时上课回答问题没见你们这么积极，本事都用在这上面了！”同学们一个个蔫头耷脑，一言不发，有几个女生班级干部甚至掉下了眼泪。看到这种情景，我的气忽然消了一大截，转念一想：五年级的孩子，抽奖的吸引力真的不小！这是孩子的天性啊！这是儿童正常的心理趋向，他们的心理脆弱，情绪易波动，如果学生因为这种正常的情绪反应而遭到教师的训斥、批评、指责，很可能会严重挫伤孩子的心灵。

周末我的心久久不能平静，我反复思考，查找材料，产生了一个想法：既然抽奖这种神秘而又吸引人的方式被孩子们所喜爱，我何不在班级里也举办抽奖活动呢？不用孩子们花钱，只需要他们用智慧和劳动获得积分换取抽奖的机会，何乐而不为呢？小小的想法萌生，马上付诸实践。周一，我制定了一个新的班级评比制度，即一周一次的积分抽奖活动！奖项分为四种，分别是“免作业一次，记事本一个，求饶一次，表扬信一张”，每周五统计，得分最高者获得抽奖三次的机会，而得分最少的五名同学也会有相应的“惩罚”措施。制度实施第一周，效果显著。鉴于五年级孩子发言不积极、上课沉默寡言的现状，我提出数学课发言每次加一分，语文课发言每次加二分，现在我的课堂变得不一样了，以前是没人举手无从下手，现在是太多人举手无法抉择，这个小小的改变让学习气氛变得热闹起来。我欣慰地看着眼前跃跃欲试的小手，以前从不发言的男孩儿激烈地在我眼前晃动着他的手，以前性格内向的女孩儿们也争先恐后地想得到发言的机会。现在无论是我还是孩子们，都期待每节课的到来，期待提出的每个问题，每一周，孩子们和我都感觉特别新鲜、幸福！

乐趣源于生活，生活源于孩子，当我们愿意走进孩子的世界时，才能更靠近他们的心！教育教学就是一本厚厚的故事书，需要我们教师去慢慢品读、细细剖析。发生在我们身边的每一件事都是我们的教育资源，智慧和爱的力量远远超越了批评和指责。

学而不厌

诲人不倦

班级常规管理

刘　鑫

从小我的愿望就是当一位教师，最想做的是小学教师。因为小学阶段是人生的一个重要阶段，它既是人生中最富色彩的时期，又是人生走向社会的第一个黄金驿站。陶行知曾说过："教育不能创造什么，但它能启发儿童的创造力以从事于创造工作。"带着对这份事业执着的追求和向往，我无怨无悔地选取了教师这一职业，来到了农村小学，当了一位教师。我始终把"一切为了孩子，为了孩子一切，为了一切孩子"当作我从教的最高准则，为了他们我甘愿奉献自己无私的爱。

记得刚到学校面对孩子时，我的心里充满了激动和兴奋以及忐忑。但是在我教书生涯刚刚开始时就遇到了很多问题，原来教师这一行业并不容易。面对形形色色的学生，有的聪明，一点就透，有的木鱼脑袋不开窍，有时真的让你哭笑不得。班主任不仅要教好书，更重要的是要教会学生如何做人并培养他们的行为习惯。新接手的班级课堂常规很差，上课随便接话，坐姿、站姿都是随随便便的，卫生习惯也不好。这些都是需要我去纠正的，但对于刚入职的我来说有些慌乱。于是我只能用喊、用大声训斥来镇压。那时的我发怒成了每天的习惯，课堂上有人不专心我发怒，没完成作业我发怒，没考好我发怒。经过一段时间，课堂上的纪律有所改善，但是我总觉得我班学生不一样了，看见我像是老鼠见了猫一样。我扪心自问：这是对的吗？每当发觉学生看我时那畏缩的目光，我的心里很不是滋味。这不是我教学的初衷，为何我此刻要背道而驰？于是，我慢慢转变自己的态度，也在这期间找到了一些教育方法。

作为一位小学老师，尤其是班主任，一定要有爱心和耐心。有了爱心，就有了耐心，就能从内心关注学生。每当他们把你气得发疯时，告诉自己，他们还是些不懂事的孩子，孩子哪有不犯错误的呢。慢慢地我发怒的次数越来越少，学生看我也不是那么畏惧了。虽然我控制住了自己的情绪，但是纪律、教学常规不能松懈。对于学生字迹不工整、作业完成不好、卫生差等情况做了一些调整。忠言逆耳对于学生可能不管用，我就试着让他们尝尝甜头。我在网上购买了一些带字的印章、评比栏、小贴画等，开始实施我的计划。第一步，每天的作业检查完会盖章，比如，写得好、字迹工整的就给“你真棒”，差一点的就给“继续努力”。第一天作业分发下去后，学生们都在互相看，有“你真棒”的学生脸上露出得意的笑容，没有得到的学生像霜打的茄子，几天下来，他们的字迹有了明显改善，家庭作业完成情况也好很多。当累积到3次“你真棒”时，就在评比栏中获得一朵小花。第二步，每组选一个组长负责检查本组的卫生，一周评出优秀小组和脏乱小组，优秀小组每人获得一朵小花，而脏乱小组下一周值日。一周下来各小组都能随时保持教室的卫生了。最后一步是纪律，为班级几个爱捣乱的同学开一个小会，只要一天没人打他的小报告，我就给他奖励一张小笑脸，积累五个小笑脸就获得一朵小花。这样每人只要做得好，都会有机会获得小花。经过如此整顿，班级的气氛有了明显的转变，我与学生的关系也变得融洽起来。

教师不经意的一句话，可能会创造一个奇迹；教师不经意的一个眼神，也许会扼杀一个人才，所以放下训斥，用向上的眼光去对待学生就会有不一样的收获。教育真的是一门艺术，只有你走进学生的心灵，教育才是真正的教育。

如果一位教师把热爱教育和热爱学生结合起来，那他就是一个完美的教师。我想做这样一位完美的教师。

马虎，学习的大忌

刘丽丽

记得有一篇文章叫《不做小马虎》，当时学完并没有多深的体会，只是觉得这个孩子太马虎了，甚至觉得有点好玩，只当一个故事看完就过去了。直到工作以后，看到自己教的孩子由于马虎而造成的一系列问题，这时才意识到马虎的严重性。

现在的我是二年级的班主任，班里有一个小女孩儿给我留下了深刻的印象。这个小女孩上课发言积极，反应也很快，但是只要做数学卷子，成绩却都不是那么理想，甚至会低于一些上课表现不那么出色的同学。第一次测试的时候，我对她的期望很大，可是看到她的成绩时却很失望，只考了83分。当时我真的觉得很生气，之后我狠狠地批评了她，当时我也深刻地感受到了她的自责，就又安慰她说："老师相信你，下次一定会更加认真、努力，考得更好，加油！"此后她上课发言更积极了，可是一旦做数学题还是会出现一系列的问题。我仔细地分析了她的问题，发现把运算符号看错是她常存的一个问题，也就是说，马虎才是她做错的根本原因，孩子自身的学习是没有任何问题的。我相信她只要以后能够更加认真、仔细，一定会更好的。

除此之外，班里还有个别同学也存在同样马虎的问题。每次听写词语时都没有问题，可是只要遇到了看拼音写词语问题就大了，不是落下一个音节没有拼到一起，就是看错音节，甚至有时候连音调也会看错，结果导致整个词语写的与拼音大相径庭；生字学得不错，可就是因为不仔细、马虎也导致了很多问题。而且长时间下来，这一系列的小马虎也会影响孩子们学习的积极性。

"失之毫厘，差之千里"说的不正是由小马虎而造成的大差距吗？马虎不仅发生在一两个孩子身上，而是低年级孩子的通病，但并不是不可改变的。经过这一段时间的观察与教育，我看到了孩子们只要足够认真、仔细，马虎的现象就会越来越少。孩子的马虎并不是他们的错，而是有原因的：

（1）注意力不集中。孩子无法集中注意力，做事漫不经心、丢三落四，那么循环反复就会造成马虎。

（2）注意力极易转移。也就是注意的稳定性差，这就需要老师采取一些方法吸引学生的长时间注意。

（3）与家庭教育有关。孩子小的时候家长包揽一切，孩子缺乏独立性，那么孩子长大后自然容易形成马虎的习惯。

虽然马虎几乎是每个孩子都存在的问题，但是我们却不能任其发展，要克服这个问题。首先，要养成认真检查的习惯，无论孩子做什么都提醒孩子细心检查；其次，让孩子学会自我奖惩，马虎时要进行自我惩罚，而不马虎时也给自己相应的奖励；最后，让孩子懂得自我控制，靠毅力一定可以战胜它。

有这么一句话："没有顽强细心的劳动，即使是有才华的人也会变成绣花枕头似的无用的玩物。"马虎在孩子看来可能不算什么事，但是这个习惯对以后的影响却是巨大的。学习上不能有半点马虎，千万不要因为一个习惯而后悔一生。

贵在坚持

郝胜军

春夏秋冬，日夜流转，时不我待——以前写文章常用这些惜时名言，只觉得它们好有文采。现在每每回想起自己从教十二年的历程，便有一种从未有过的真切体会。

我是一个平凡的人，但我懂得笨鸟先飞，多一份付出，多一些收获，经过十二年的不断累积，便多了一份属于自己的思考和感悟。每当忙碌了一天后，我总会拿太累了、该放松放松等托词，来给自己的懒惰找理由。我也常陷入这样的窘境：忙了一天，忙了一个星期，或是更多，可每当回首这段时光的时候，脑中往往是一片空白，好像什么都没做。为什么会这样呢？因为少了一份学习，少了一份反思，更少了属于自己的一份收获。如此日复一日，当我蓦然回首时，已然尘满面，鬓如霜。我不止一次地这样设想，不止一次地感到害怕。

说到这儿，要说说给我激励最大的人，那就是我们的校长——王国柱。他每天在微信群里发一篇教育方面的感言，那些感言或者很实际、很贴近我们的教学，或者针砭时弊，道一些教育的弊端，或者为教师、家长教育孩子的教育方法指明了方向，让人受益。但让我没想到的是，他能把这件小事坚持两年多，而且还在继续坚持着。小时候就学习过“千里之行，始于足下”“不积跬步，无以至千里”的名言警句，但实际操作起来又有几人能坚持？作为校长，日常事务那么繁忙，但他坚持下来了，王校长正和我们的师生一起，向着他提出的“每天提升一点点”这个校训稳步迈进。

所以，作为一名普通的教师，我更要扎下心来，做好自己，厚积薄发。工欲善其事，必先利其器。只有那些更努力的教师，在教学上才会看起来毫不费力。我坚信这个信念，所以，我从来不上无备之课，从来不讲没做之题。在给学生讲课前，我一定会做到“三备”，即备课标、备教材、备学生。在讲习题之前一定要自己先做一遍。同时会想，还有没有其他的方法，学生有可能出现哪些错误，怎样才能让学生少走弯路。只有这样，才能在教学中遇到突发问题时——比如，当预设和生成打架了——更好地解决问题。一千个读者就有一千个哈姆雷特。那么，同样的知识教学十遍，就会有十遍不同的体会。

最近，快手在网络上很火。我就关注到，有的老师在快手平台上教学书法。我对此非常感兴趣，就关注了一些快手号。那些书法能人写出来的字，就像是打印的一样，真让我“望字兴叹”，但静下心来，听了几期讲课以后，慢慢也就感觉到书法并没有那么神秘了。那些书法家都是练了几年、十几年，而且还在不断地学习求索，我又为什么不能呢？锲而不舍，金石可镂啊！于是我燃起了对学习书法、写好字的希望。我从网上买了0.7的中性笔一盒，五本米字格本，开始了我的学习书法之路。一开始我连最基本的笔画都写不好，但我坚持着……我把每天的练习笔记都写上日期，当写了一段时间后，就和一个月前的作品进行对比，结果发现进步还是比较明显的，我也渐渐地找到了自信。现在每天练字成了我的必修课，我也会把我的心得体会教给我的学生，让更多的人爱上写字、爱上书法。

通过王国柱校长的每天一篇教育感言和我的书法学习，我更深刻地体会到了学习、工作贵在坚持的道理。道理很好理解，坚持却很难。

最后，我想用网络上的一句流行语结束这篇文章——道理很丰满，坚持很骨感，让我们一直坚持下去，坚持让骨感变得丰满吧！

班级里的“小书虫”

王　璐

最近我发现班级里的图书借阅记录越来越多了，每天课余时间看书的同学也越来越多，班级里的“小书虫”真是越来越多了。想想刚开始接这个班时，那时他们还是二年级的小朋友，接到班后我就开始鼓励孩子们看书。刚开始孩子们的读书热潮还没有这么高涨，因为孩子们的图书来源有限，那时我会把自己给弟弟买的书拿来供同学们阅读，后来学校为每个班级配置了一个书架，孩子们可以阅读的图书就多了。其实阅读不仅可以让孩子静下心来，还可以让孩子们积累更多的语文知识。

俗话说：“书中自有黄金屋，书中自有颜如玉。”书中的世界正等待着孩子们去探索。我班有一名男同学，他很爱动，上课时手里也会拿着笔乱动（已经和他谈过很多次，也和他的家长沟通了这个情况，但还是没有改过来），但我发现他唯一安静的时候是看书的时候，他看书的认真模样真是可爱极了。每天早自习的时候，如果我没有布置任务，他就会拿出课外书来阅读。阅读可以让他了解更多的知识，有时别的同学回答不上来的课外知识，他都能回答出来。我问他是怎么知道的，他会说是在书中看到的，其实语文知识就是靠平时的积累，班级里有这样的氛围我很开心。

昨天有名同学问我：“老师，风靡一时的‘靡’怎么写？”当我刚要告诉他的时候，旁边有一名女同学说她会，她马上就拿出了一个小本子，翻开后给他指出“靡”字。我好奇地问她：“你怎么知道的？这个小本子是什么？”小女孩告诉我这是平时看书积累的知识。当时我真的感到很欣慰，孩子们不仅会看书，还会用专门的本子积累知识，这是一个多好的习惯啊。当然，现在这种现象还是比较少的，但我相信只要适当地鼓励孩子们，他们就会朝着这个正能量的方向发展。

可能有人会问，孩子们在学校阅读课外书会不会耽误时间啊？在这个问题上我会有恰当的管理，如果孩子们想看课外书，我的前提条件是今天学习的知识必须已经掌握，否则就要先学习课本上的知识。这样孩子们就会把读书当成一种奖励，他们不仅可以掌握书本上的知识，而且可以增加阅读兴趣。

阅读可以让人开阔视野，可以让人更有自信，也可以让人更好地交际。著名教育家苏霍姆林斯基说过：学生的智力发展取决于良好的阅读能力。当孩子在阅读的时候，大脑始终处于无形的运转当中，当在书中遇到问题时，他们会主动地思考。一般的图书在编写的时候，都是连贯性的，孩子在阅读的时候会自然而然地跟着作者的思路。经过一段时间的阅读，孩子就会形成缜密的逻辑思维。通过大量阅读，可以充分锻炼孩子的学习能力和创造能力，长此以往，孩子就会变成同龄人中的佼佼者，当然这方面主要还是靠量的积累来达到质的飞跃的。

希望我班的“小书虫”越来越多，让孩子们沉浸在阅读的世界，让孩子们在阅读的海洋里自由自在地遨游。

教育之真

崔 媛

新学期，我校迎来了刚刚踏入教育行业的三位新同事，从业多年已成为“老”教师的我毫不吝啬自己的热情，主动带领他们熟悉工作环境。其中有一位年轻的小伙子，从交谈中得知他今年只有22岁。22，这个数字如同从天而降的陨石，震开了回忆的大门，让我看到了九年前的我。

那一年，我也22岁，而我的生活在那一年却发生了转折。我从一名坐在座位上听课的学生，变成了站在讲台上为学生传道授业解惑的人民教师。为了教好英语，我特意向经验丰富的前辈们请教。他们告诉我，想把课上好，要先管住学生，课堂纪律好，效率才会高。听了他们的话后我便明确了目标，一定要把他们管住！就这样，我带着一张“包公脸”走进教室，开始了从教生涯的第一堂课。见学生对我还是有些畏惧的，我不由得暗自窃喜。每堂课我都慷慨激昂地向他们倾倒我的专业知识，因为那是我眼中的教师的职责。

随着教学进度的推进，一些问题也慢慢浮出水面。每次测验出现的错题，我都进行整理、归类、再讲解。可即使这样反复练习也没有什么成效，我便对他们更加严厉。无意间听到两名同学在抱怨：“太不喜欢英语老师了，每天都板着脸，还不允许我们出错，难道她天生就会说英语吗？”本以为有十足的工作热情，认真上课，不怕苦不怕累就是一位“好老师”了。没想到在学生眼里我是如此“不尽如人意”。顿时我的血脉偾张，想过去狠狠地批评她们一顿，但我更清楚这样并不能解决问题。孩子们的话就像循环播放的录音一样在我的耳畔挥之不去，每一句话我都在心里一一反驳，同时又强忍泪水。

回到家里，母亲察觉出了我的异样，便追问我怎么了。我讲完这天大的“委屈”，她什么也没有说，只是问我：“你为什么喜欢学习英语呢？”我说：“学习英语时很有趣啊，能了解到国外的文化，还能讲一口流利的外语，很酷啊！”听了我的话，母亲笑了。提起学习英语我便打开了话匣子，与母亲讲起我的老师在课堂上是如何激发我们的学习兴趣的：她为我们创设情境，让我们在轻松愉快的气氛中学习知识；当我们出现错误时，她总是不厌其烦地为我们一遍又一遍地讲解。

说到这里，我愣住了，学生没有错，问题出现在我身上，我自认为对学生严格要求就是对他们有爱，但我忽略了爱学生的方式不只有这一种。

我决定立即调整教学模式，作为教育者，要让学生接受知识，便应该重视他们的课堂感受，走近学生，了解他们的想法，教学时要投其所好。更要学习接纳和包容他们的错误，把他们的错误当作自己的二次备课，寻找多种方式解决。渐渐地，同学们在课堂上不再像从前那样紧张了，举手回答问题的人数也日渐增多，期末考试时的优秀率也有了很大的提高。

教师如伯乐，每名学生都是千里马，我们的职责不仅仅是教授书面知识，还要用教育带领学生来到新的天地。育人大于教书，要让他们享受教育给他们带来的阳光和雨露。而这些需要我们以真心去对待我们的工作，用真情去对待每一名学生。这才是教师职业的本真，也是我作为一位人民教师的职业追求。

教育的爱，无处不在

周晓光

“教育的爱，无处不在”，这或是一句温暖鼓励的话，或是一个感人的小故事，或是一个温暖的怀抱，生活中点点滴滴的小事都包含着教育的爱。作为一名小学老师，我深知教育没有回头路，一旦错过就会后悔终生。因此在教育中我用真心去爱每一名学生，这种爱是严而有格的爱。用爱为孩子树立自信心、维护自尊心、激发好奇心，使其保持纯洁的爱心。

我在教学过程中给予孩子们更多的是理解和宽容。比如，“试试看，请不要紧张，老师相信你能回答这个问题”；有的学生上课开小差了，我就对他们说：“如果你能跟我们一起学习，你一定很棒。”当学生回答问题回答得好时，我就会让同学们给她鼓掌；或者说“你知道的真多，一定很喜欢看书吧”。当早读课上有同学不出声时，我会悄悄地走到他身边跟他说：“老师真想听到你读课文的声音。”他果真有感情地朗读起来。这些鼓励性的语言，点燃了孩子的智慧的火花，使他们获得了满足，体验到了成功的喜悦。

表扬和赞美不仅出现在课堂上，课余生活、家庭生活中也有许多教育的资源。例如，有一次课间操结束后，班级排成整齐的队伍上楼时，一名男同学自觉地捡起楼梯上的一团废纸。我怎么能错过这样的教育机会呢？回到教室，我便对这名同学大加表扬，过了几天我就发现两三名同学在操场上自觉地捡起了垃圾。

教育不是短跑比赛，先到达终点的人不一定就是最后的胜利者。教育是一场马拉松，坚持到最后的才是胜利者。希望所有的孩子都是自信、阳光的。

教学中的点点滴滴

董彩虹

二十多年前的夏天，带着满满的信心，我来到家乡的校园。这里有朗朗读书的声音，有三尺讲台，有粉笔的洁白，有日日细碎的叮咛和幼稚可爱的笑脸。挥洒汗水，只为小树的茁壮，只为绿树掩映，只为心灵深处的那份鸡汤！

承载昔日的旧梦，我徒步来到这里——一个低矮的村庄。没有现代化的教学设施，我们可以用手去创建。为了创建一个教学场景，我挥毫泼墨，在毫无生机的纸上，画出了绿意葱茏的草地，还有一群在交际的男学生与女学生，他们在这良好的氛围里酣畅淋漓地交流，语音优美、表情自然、气氛热烈，把我的学生带进了我给他们拟好的世界中，一双双清澈的眼睛，都在随我而动。我看到了纯真的心灵碰撞，知识如小溪的水凉爽沁脾地流进了孩子们的脑海，那一刻，就是我梦的翅膀挥动的一瞬，我会心地笑了，那份甘甜在扩散！

大课间是我们推崇的教学特色，在这里，我们把它放在了重要地位。我们的体育专业精英，经过集体研讨，编排出一套适合学生的太极操。学生也乐于接受这样的活动，他们做得很专注，那悠扬的乐声响起，身随曲动，心随手动，散去学习的疲惫，接受阳光的洗礼，锻炼每一寸肌肤，强化对集体的荣辱感！那一刻，我也被陶醉了，发现竟然有这么壮观的场面，这么多人动作一致，柔美屈伸，让我心怀激荡，我对这里多了一份留恋！

我们的昨天太短，我们的明天太远，藏不住心里的热爱，这片留住我梦的地方！柔柔的话语，日日流淌，我们改变了许多，改变了教学方式，现在是五步一案的教学方式。我们悉心培训，集体研讨，亲自实践，已经小有成效。我们开展了一课多讲，对于同样的一课，多人讲解，体现不一样的特色，不一样的理念，不一样的设计！

时间真的太少，我们挖空心思、绞尽脑汁，设计自己的东西，说实在的，我不大愿意用电子产品去做课件。我擅长水墨丹青，于是，针对我的那一课，我绘制了卡通日历。学生看我做得漂亮，热情高涨，也都动手绘制，每一名同学都会做出一个不同的样式。

结果，我这两个班做出了九十个版本，颜色亮丽，字迹也千变万化。在公开课的时候，同学们都拿出自己的作品，配上他们稚嫩的声音，用英语解读一个语言环境，惊呆了听课的领导。这只是我工作中的一个小的记忆，岁月悠悠，我在积累着学识，我在教学的征程上阔步迈去，尽管还有需要改进的地方，但我乐此不疲！

我是一位教师，好为人师，也喜欢孩子。我之所以喜欢这个世界，正是因为有那些用爱编织梦想、伴着辛苦平淡之爱的人们！

二十年过去了，校园里留下了我的幸福和自豪，也留下了我的心酸和泪水，看着孩子们长大、成才，我无怨无悔。

愿我的孩子在赏识中成长

居　寡

“教育只有一次，不能重来。”作为一名年轻的班主任，我渐渐懂得了其中的道理。因此在教育中我用真心去关爱每一个孩子，树立他们的自信心，维护他们的自尊心。我用赏识的目光关注他们的成长历程，呵护他们的进步，激发他们的热情。

在孩子们的成长过程中，我会给予他们更多的理解和关心。因为有了理解，孩子们才会喜爱学校的生活；因为有了宽容，孩子们之间相处得才会融洽和谐。课堂上，有时提出的问题不是所有的学生都能够回答准确的，他们或许是因为不好意思，或许是不确定是否能回答正确。我就会对他们说：“试试看，请不要紧张，老师相信你能回答出这个问题。”当学生把问题回答得很好时，我会让全班同学为他鼓掌。我会说：“你知道得真多，一定很喜欢看书。”如果有的同学上课开小差，我就会对他说：“如果你能跟我们一起学习，你一定会很棒的。”或者说：“老师真想听到你读课文的声音。”这些鼓励性的语言，渐渐地点燃了孩子们智慧的火花，使他们体验到了成功的喜悦。现在我的孩子们已经能够像我一样自觉地去鼓励他人、帮助他人，在我的课堂上常常会听到鼓励的掌声。

其实我的表扬和赞美不仅出现在课堂上，我认为课堂之外也处处都有教育的契机，我会抓住每一个闪光点，让每一个孩子都成为阳光快乐的娃娃。在我的班级里发生过这样一件事：课间操结束了，孩子们排成整齐的队伍进入教学楼，这时我发现一个男孩悄悄地捡起了楼梯上的一团废纸。多么好的孩子啊！我怎么能错过这么好的教育机会呢！于是回到教室后，我对这个男孩儿大加表扬，同学们都用羡慕的眼光看着他，教室里立即响起了掌声。过了几天，我惊喜地发现两三名学生在操场上活动时，也自觉地捡起了垃圾。正因为我捕捉到了孩子们成长中的闪亮之处，并把它作为教育契机，放大孩子们的优点，才让更多的孩子们释放出正能量，起点虽小但是影响深远。

鼓励的语言和赏识的目光像温暖的阳光，让孩子们心中的花蕾绽放。在我的鼓励下，那些“迟到的花朵”、那些“跑得慢的”的孩子们不再自卑、不再胆怯，他们对自己充满信心。在我的赏识下，孩子们正在成为阳光快乐而又自信的小豆丁。看着孩子们每一天的细小进步，我都会感到欣慰，这让我更坚定地去做一个爱孩子的老师，去欣赏孩子们成长的每一个瞬间。

且行且回味，苏醒中的教育信念

曲　月

曾经有人这样说过，不会微笑的人不适合从事教育工作。面对幼小的生命笑不起来、爱不起来，绝不会是一个出色的教师。一路走来，三年的班主任工作，我从“不适合”到“不优秀”再到“能胜任”，经历了大大小小的故事，这使我懂得了在教育的这片星空下，每个人都会遇到不同的困境与挫折，但无论是什么样的困境，教育的目都是一样的，那就是为了孩子们的发展。我们一直在拉着孩子们的手，艰难而努力地向前走着，不惧困难，因为我们还心存光亮，还心存希望。

年轻没有经验的我，课上课下都比较教条，我始终以“成绩搞好，对孩子学习负责”的方式为“后进生”洗脑，用厉声的鞭策对不如己愿的孩子再三呵斥，这种教学方法使得班级的学习气氛死气沉沉，学习差的学生也因此更加厌学。那时，我最揪心的是班级里有个“小拖后腿”，他是一个“使教过他的老师都感到担忧和头疼的孩子”。我第一次跟他妈妈沟通的时候，他竟对自己的妈妈动手，这使我感到很意外。从他妈妈口中我知道了他是个被惯坏的小孩，为了使班级的“步调一致”，我开始约束他、批评他、指责他，但不管用什么办法，就是不见起色。渐渐地我懂得了其实像这样的学生还有很多，我在教育孩子的过程中遭遇着艰难的痛苦，用不及格的分数惩罚他们，用严厉的语言教训他们，于是，他们更加“无可救药”。经过三年的磨砺，通过请教、询问和实践，我渐渐地发现，一个生命的成长过程中可能会出现这样或那样的问题，但我都把问题扩大化，而不曾意识到他们也是“人”，有些成长的问题根本就不是问题，而有些问题更是需要慢慢地等待，要有耐心，不放弃对生命的浇灌，终究有一天我们会看见花朵绽放时的美丽。也许教师们都在教育，但却忘了一个人最起码的尊严，在扼杀学生的尊严后，随之而来的就是学生深深的惭愧和挫败。后来，我改变了自己的潜意识，了解到在学生生命成长的路上也要不断地呵护、唤醒、挖掘和发现。于是，我给他们创造出属于自己的舞台，例如，孩子们人生中的第一次升旗仪式，我让孩子们自导自演，让他们自主分工，经过了一个星期的准备，他们让我看到的是惊艳——平时少言寡语的孩子能唱歌，学习成绩较差的孩子能主持，看起来斯斯文文的小女孩能跳舞，就连我们班的“小拖后腿”都能放声歌唱……整个班级竟然“活”了起来。孩子们利用下课和中午吃饭的时间分成三个小分队练习着，到了彩排的那一天，毫无疑问，他们展现给我的是一个大大的惊喜。我突然想到了魏书生老师的一句话：“班级就像一个大家庭，同学们如兄弟姐妹般相互关心着、帮助着，互相鼓舞着、照顾着，一起长大了，成熟了……”而作为“一家之主”的我却没能早些领悟到这些。于是我也行动起来，帮孩子们准备跳舞的服装、合唱的道具等，我希望他们能够不留遗憾地展现自己，成就闪亮的舞台，成为学校的一道风景……

无论什么样的学生，都有属于自己的生命色彩，应任由学生独自描绘。而教师的责任和使命是给孩子足够多的发展空间和权利，我会尽自己最大的努力帮助每棵小树健康茁壮地成长，在充满爱的教育星空中，努力把每一颗闪耀的星星都勾画出来！

教育教学随笔

张素云

教育的本质是有目的地培养人，而我们教师是学校教育过程中的引导者和领路人。我们不仅要教授书面知识，更要了解学生，根据学生不同时期的发展变化，对他们进行渗透式的思想教育，帮助他们树立正确的思想观和价值观，将他们培养成一个能实现自我价值并懂得回馈社会的人。这也是我们常说教师这一职业“神圣”的原因。

回首这三十多年的班主任工作，我真实地体验到了班主任工作的苦与甜、笑与泪。几种不同的元素融合到一起，也颇有一番滋味，久了便也乐得其中。没什么经验可谈，班主任工作的一些感悟和大家分享。

一、把赞美还给学生

教师的赞美是阳光、空气和水，是学生成长不可缺少的养分，无论何时学生都需要赞美。

曾教过这样一名同学，父母离异，他与奶奶生活在一起。他学习很差，性格特别孤僻，总是不能按照老师的要求完成课业任务，还经常忘带东西，每次都是由他年迈的奶奶把落下的东西送到教室。在一次交谈中，老人对我说：“这孩子啥也不会干，啥事也不和我说，还不会学话，看他这样我着急啊。”

听到这句话时我心里酸酸的，想和这个孩子谈一谈。在谈话的过程中他一言不发，认同时只是点点头。我告诉他：“你的奶奶虽然年岁已老，但她一直都没有放弃让你接受教育，为的是让你成为一个有作为的人。老师知道你是个孝顺的孩子，但你首先得学会独立，这样也能为奶奶减轻生活压力。老师相信你是个懂事的好孩子，你一定能做到！”

此后，不管布置什么任务他都能够独立完成。一开始显得有些吃力，但他没有放弃，后来一次比一次做得好，慢慢地学习成绩也提高了。看到他的进步，我在全班同学面前对他进行了表扬，孩子们纷纷为他竖起了大拇指。

赞美虽是无形的，但在孩子们的心里已经悄悄地种下了自信的种子，使他们朝着更好的方向迈进。

二、使学生成为一个有担当的人

参加工作之初，我们班的学生犯了错误是不敢主动承认的，原因很简单，怕被我责骂。发现这个问题之后，我开始反思自己，我要寻找更好的处理方式。

之后的日子里我开始试着改变：有学生犯错误时耐心地告诉他这个错误的性质和后果，引导他们勇敢地面对自己的错误并承担后果，学会做一个有担当的人。

一个星期五的早晨，我们班的曹林同学早早地就来到了学校。这是一个性格非常冲动的孩子，在没有钥匙的情况下他为了进入班级，选择用脚把门踹开。晨检被我问起时，他主动站起来承认了错误，但想到回家后要面对自己的父亲时他胆怯了。我俯下身温和地对他说："能够主动承认错误并及时改正，你已经很棒了，你是个有担当的孩子。之所以不敢面对你的爸爸，只是因为你害怕他对你失望。其实只要你主动认错，并保证不再犯类似的错误，你爸爸一定会原谅你的。"他采纳了我的建议，认错态度非常端正。事后他的父亲跟我说，通过这件事他感觉孩子长大了。

每个孩子都会犯错，但这并不可怕，只要让他们及时纠正，让他们学会担当便很好了。

十年树木，百年树人。想要成材首先要学会的就是做人；学会做人，就要从点滴小事做起，正视自己的错误和不足。教会学生做人更是我们教师的责任、义务和宗旨。

孩子们，我想对你们说

隋天娇

我纯真可爱的孩子们，不久你们就要告别生活了六年的校园，回想起来，我们在一起相处的日子是最多的，我应该是最了解你们的。

如今我仍旧清晰地记得你们刚刚来到这所学校的样子，一个个小精灵一样，那么小，那么可爱，脸蛋大多都脏兮兮的，但当你们仰着脸时，清澈的眼神让人无法忽视！那时候每天总有一些让我感到幼稚、可爱的问题不断出现，而如今你们虽然个子长高了，但依然有着孩子气……

我只希望在你们难过时得到我的安慰，害怕时得到我的鼓励，犯错时听到我语重心长的教诲。而我，从你们上课时认真听讲的神情中感受到了这份职业的快乐，在一句简单的“老师好”的问候中不自觉地露出微笑，在你们每一次学习和成长方面的进步里感觉到欣慰。或许在这个世界上，学生就是老师们除了家人以外最不舍的牵挂吧。

我的孩子们，你们真的长大了！突然发现我们之间有着一层永远也戳不破的隔膜，这种感觉很微妙，你们每个人都有着自己的小秘密，想与我分享，又怕被我发现。我只想说：“孩子们，我希望我们师生之间是朋友。”课堂上，我们是师生；课下，我们是良友。也许你们会认为我不可能成为你们的朋友，但老师真心想对你们说：或许你们认为我不苟言笑、过于实际、要求过高，但孩子们，你们可曾想过，今日的严厉对于你们来说就是明日的财富。我并不是一个铁石心肠的人，我能够感受到每当节日时你们那一声声问候，就是对我传递的爱；我也能感受到当你们对着我露出甜美的笑容时，那是对我传递的爱。这些老师都懂，是你们让我感受到了作为教师的快乐，是你们给了我至高无上的尊敬，是你们让我感受到了阳关般的温暖……

我们还有两个月的相处时间，想到这里，我的心里真的很不是滋味。你们就像我的孩子，如今即将分开，怎能不让我暗自伤心呢？

我常常在想，除了知识以外，我还能教给你们什么呢？如果你们仅仅是考试的机器，那么你们的人格还会健全吗？你们的情感还会丰富吗？每当我走在大街上，看着熙熙攘攘的人群，我总会想到你们：都说你们是祖国的花朵，是未来世界的主人，那么你们离开校园以后，将给这个世界带来什么呢？你们是会用真善美守护自己的精神家园，还是会加速这个世界的浮躁与急功近利？也许这是我能够带给你们的最珍贵的东西，那就是让你们有健全的人格和一颗善良的心。我不能在你们前进的道路上都铺上鲜红的地毯，但可以见证你们生命的每一次拔节，就像蝴蝶破茧而出，飞向幸福而美丽的人生……

现如今，你们即将面临人生的转折点，身为老师，我真心地希望你们能够在未来的学习路上一直这样积极，一直努力，一直向上。远方还有很多美好的风景在等着你们，我相信你们一定能够走得更远……

孩子们，老师最后还想和你们说：“谢谢你们，很珍惜和你们在一起的时光，很开心能在生命中遇见你们，希望我们的师生情谊能够长存！”